# 看得见的与看不见的

## 商界、政界及经济生活
### 中的隐形决策思维

[法] 巴斯夏　著

于海燕　译

东方出版中心

胭+砚
project

## 图书在版编目（CIP）数据

看得见的与看不见的：商界、政界及经济生活中的
隐形决策思维 /（法）弗雷德里克·巴斯夏著；于海燕
译. --上海：东方出版中心，2020.6
ISBN 978 - 7 - 5473 - 1630 - 6

Ⅰ. ①看… Ⅱ. ①弗…②于… Ⅲ. ①经济决策
Ⅳ. ①F202

中国版本图书馆 CIP 数据核字（2020）第 061584 号

**看得见的与看不见的：商界、政界及经济生活中的隐形决策思维**

著　　者　[法] 弗雷德里克·巴斯夏
译　　者　于海燕
统筹策划　彭毅文
责任编辑　彭毅文
装帧设计　张葛亮

出版发行　东方出版中心
地　　址　上海市仙霞路 345 号
邮政编码　200336
电　　话　021 - 62417400
印 刷 者　上海盛通时代印刷有限公司

开　　本　890mm×1240mm　1/32
印　　张　4.25
字　　数　61 千字
版　　次　2020 年 6 月第 1 版
印　　次　2020 年 6 月第 1 次印刷
定　　价　32.50 元

# 序言①

## 一

　　在经济领域中，任何一种行为、习惯、制度或法规都会带来一系列的后果。我们往往只会看到双眼可见的那些，因为它们立竿见影，很快便能察觉，而那些尚未发生、潜藏于未来迷雾中的后果则很容易被忽视。我们若能以远见卓识，看透未竟之变化，必将大有裨益。卓越经济学家和蹩脚经济学家最大的区别，就在于是否能够超脱目之所见，在变化尚未发生之时，预见未来。这中间的区别可以说是至为重大，在太多时候，初见甘若蜜糖最终却被证明是致命砒霜，反之亦如是。所以，蹩脚的经济学家只会追求片刻安好，最终却引火烧身；而卓越的经济学家却能洞悉事理，为抵达最终的彼岸，心甘情愿承担必要的一时之恶。

这也适用于健康养生、学识技艺和道德品行。那些负面的习惯往往在形成之初让人甘之若醴，最后发现时却已然泥足深陷、有苦难言。例如那些纵情酒色、懒散倦惰、挥霍浪费的人，他们沉浸于眼前的欢愉，却察觉不到这些陋习终将带来的苦果。人们为这些恶习所困，并不只是因为一时失察，而是通过他们自以为是的精明考量，做出的短视之举。

这也是为何众生皆苦。人类出生时对世界一无所知，婴孩的所有行为都只取决于眼前可见的后果。人类需要经过漫长的时间，才能学会看见那些看不见的。而教授他们这些必要知识的唯有两位截然不同的名师：经验与远见。"经验"教导有方，却极为严苛，我们不得不以切肤所感来习得每一个行为的后果。例如唯有灼肤之痛才能教会我们避开烈火。在这位严师之外，我更希望为大家介绍另一位老师，他要温和得多，这位老师就是"远见"。为此，我将那些看得见的和看不见的置于聚光灯下，以真正审视特定的经济现象。

**注释：**

① 《看得见的与看不见的》发表于 1850 年 7 月，是巴斯夏生前的最后一部著作，可谓三易其稿。巴斯夏在一次搬家过程中丢失了原稿，经过漫长而无果的搜寻，他决定以自己在国民议会上发表的演讲为基础进行重新创作。但第二版文稿成型的那一刻，他又觉得文章用语过于严肃，不够通俗易懂，便将其付之一炬。我们今天读到的这一传世经典，其实已是第三个版本。

# 目 录

第一章

破窗『谬』论

店主詹姆斯①有个粗心的儿子，一天，儿子不小心打碎了一块窗玻璃，惹得平日里脾气甚好的詹姆斯大动肝火。如果你恰巧目睹了这一幕，你会发现，当时在场的三十几名旁观者安慰倒霉詹姆斯的话如出一辙而且十分老套："凡事皆有利弊，大家都要生活啊，如果窗户玻璃从来不破，那镶玻璃工怎么过活啊？"

这次破窗事件很好地展现了一个现象：如果有人东西坏了，受害人往往会得到类似的安慰，且这种安慰如今已然形成了一种支配大多数经济规则的理论。

如果詹姆斯修缮这块玻璃最终花了 6 法郎，那你会说镶玻璃工赚了 6 法郎，这个破坏行为促成了一单 6 法郎的生意，对于这个事实我认可，无从反驳，你是有道理的。镶玻璃工来到店里，展示他的技艺修好玻璃，赚得 6 法郎，高兴地搓搓手，内心感激着那个粗心的小孩。这些现象都是可以被看见的。

此时大概率你会给出如下结论：窗户坏了是件好事，因为修缮它的过程让钱流通起来，最终促进了整个工业的发展。但如果你这样认为的话，请允许我大声说："快得了吧！你的这套理论只考虑到了你能看见的后果，却没有考虑你看不见的。"

你没看到詹姆斯花了 6 法郎修窗户，他就不能用这 6 法郎干别的事了。你没看到如果他不需要修窗户，他也许就能给自己买双新鞋子或给自己的书房添置一本书。简单来说，他原本可以用这 6 法郎干一些其他的事情，但窗户破了，其他的事都没戏了。

让我们再来看下整个工业如何被这个事件影响。窗户破了，镶玻璃工的生意增加了 6 法郎，这是我们看见的。如果窗户没有破，鞋匠或其他人的生意也许能增加 6 法郎，这是我们没有看见的。

如果我们将看得见的正面后果和看不见的负面后果都纳入考量，就会发现不管窗户是否破损，全国的工业或劳动就业都未受到任何影响。

以詹姆斯为例，在第一个假设中，窗户破了，他花 6 法郎修缮了它，他享受的还是一扇完好窗户带来的效用，这个效用与之前相比，没有增加也没有减少。

在第二个假设中，如果窗户没破，他也许就能给自己买一双新鞋子，这样他既享受到了原先完好窗户带来的效用，又能享受一双新鞋子带来的欢愉。

因为詹姆斯是整个社会的一个有机组成部分，估算一下整个事件给社会带来的影响和劳动量，我们会发现整个社会损失了一扇窗户的价值。

由此，我们可以慢慢得出结论："如果东西被毫无目的地破坏掉了，整个社会都将为此受损。"我们也会达成一个最大范围内的共识——破坏、糟蹋、浪费不是在促进全民生产，一言以蔽之：破坏不会带来收益。听到这里，贸易保护主义者估计会毛骨悚然。

鉴于此，《工业观察报》②评论将作何辩解？政客查曼斯③精打细算，叫嚣着烧毁巴黎、重建房屋能带来无数贸易，作为他的信徒，你们现在又有何要说？

我很抱歉在此叨扰了他们的精打细算，毕竟如今我们的立法被他们的思想所左右。但是我拜托他们重新算一下，这一次将看不见的后果也加上去，和看得见的后果一起考虑。与此同时，我也拜托读者们，你们要意识到在破窗事件中不是只有两位当事人，而是三位。其一，詹姆斯代表着消费者，自己的窗户破了，修缮的过程中，他丧失了本来应该是双倍的愉悦，只得到了一份；其二，以镶玻璃工为代表的生产者，这次破窗事件让他做到了一笔生意；其三，以鞋匠（或其他工种）为代表的人，因为窗户破了，他们的收益受到了相应比例的损失。第三人通常被置于暗处，我们看不到他们，但他们却是整个事件不可或缺的一个因素。是他让我们看到了宣传破坏能带来收益的论调是多么滑稽。不久的将来，他也会教导我们：贸易限制能带来收益的结论同样可笑，因为限制贸易相当于部分无意义的破坏行为。因此，当你对贸易限制论的论据追根溯源时，你会发现它们最终只是把原来粗俗的论调重新阐释了一遍：如果没人破坏窗户，镶玻璃工如何过活？

**注释:**

① 詹姆斯（Jacques Bonhomme）：这个名称源于扎克雷起义。扎克雷起义是

1358 年法国的一次反封建农民起义，是中古时代西欧各国较大的农民起义之一。扎克雷，亦称"呆扎克"，是法国封建主对农民的蔑称，意即"乡下佬"。英文中对应为 James Goodfellow 或 Every man Jack，意思为好人詹姆斯，大都指位于社会底层的普通人。此书 Jacques Bonhomme 代指普通人。

② 《工业观察报》：由当时法国的社会公共利益组织（Société universelle d'intérêt public）于 1835 年创刊出版，1868 年结刊，每周出版 2 次。该报曾发表过诸多主张贸易保护的文章和报道。

③ 查斯曼：即圣·查斯曼·奥古斯特（Auguste Louis Philippe de Saint-Chamans，1777—1860），法国政治家，1827 年任国民议会委员，他生前写过多部政治、经济著作及文学评论等，思想偏保守。他曾扬言烧毁巴黎将利于法国工业发展，因为诸多工人将在重建巴黎的过程中找到工作。

第二章

裁军生意经

我们买一样东西，对其是否满意很大程度上取决于这样东西是否物有所值，这个道理对人如是，对一个国家而言亦如是。对一个国家而言，安防到位是最大的保障。为了确保国家安全，花费1亿法郎维持10万人马在备十分必要，这一点我无从反驳。要做到这一点，某些方面的牺牲在所难免。当然大家也不要曲解了我的意思。

　　为了给纳税人省1亿法郎税钱，有名国会议员提议让10万士兵卸甲归乡。有人反驳："对于国家安全来说，人和钱缺一不可，哪怕牺牲巨大，也在所不惜，不然的话，法国就会遭受暴徒甚至是异国军队的侵害。"这种井底之蛙的浅见，对经济发展妨碍不大，或许有时候有些道理。但当牺牲本身被视作可以造福他人的优势，这就大错特错了。

可以想象，提议裁军的那名议员一落座，当场肯定有雄辩家会站起来叫嚣道，"让 10 万士兵回家？你在胡说些什么？他们回家干吗？他们靠什么过活？你知道不知道现在就业很困难啊？现在哪里都不缺人手！你把他们弄去就业只会增加竞争，造成工人工资大幅下降。如果他们养活不了自己，你还指望着国家来给这 10 万张嘴提供吃食啊？而且你想想清楚，军队对酒、衣服、军火的需求刺激了驻军区域工业的发展，对于这些区域的供应商来说，军队可是天赐的衣食父母啊。这么大的产业链没了，大家都要颤抖了吧"。

很显然，这番论述过后，出于经济和服务必要性的考量，国会议员们肯定会为保留军队投赞成票，但我要反驳的正是这些考量。

纳税人花了 1 亿法郎养了 10 万军人，10 万军人又给当地的商人带来了 1 个亿的生意，这些是我们可以看得见的。

但我们看不见的是，这 1 个亿其实是从纳税人的口袋里掏出来的，他们本可以用这些钱改善生活或做些别的。站在整个民众的角度，你再合起来算一下，到底哪里有受益？

让我来告诉你，如果我们维系军队我们会失去什么？因为10万人和1个亿的资金太过庞大，简化一下，我将以1个人及1000法郎的例子予以自证。

我们假设征兵者和征税者同时来到A村庄，分别征走一名村民和1000法郎税款。这名士兵和1000法郎被送往了梅斯①，在这里，这1000法郎用于养活这名村民，他在接下来的一年里可以游手好闲，什么都不用干。对于梅斯这座城市来说，你的观点完全正确，这座城市因此受益。但是如果去看A村庄，你的看法就会完全不同。除非眼瞎，不然你会发现A村庄同时丧失了一名劳动者和1000法郎。这1000法郎原本可以用来犒劳这个村民的劳动，或者犒劳某项别的活动。

乍一看，原本应该在A村庄发生的一切现在在梅斯城发生了，这似乎是一种补偿。但是在A村庄，这个村民原本可以种地、劳动，他是一个劳动者。在梅斯，他作为一名士兵，每天的生活就是"向左看齐！""向右看齐！"假设军队对公共安全而言不是必要的，那1000法郎给A村带来的就是一年300多天的劳动，给梅斯带来的就是一年300多天的无所事事。如果这样衡量，你就会发现我们在整个事件中到底损失了什么。

假设军队被遣散，你只看见了10万多余劳动力涌向市场，造成就业市场竞争加剧，工人工资骤降。

你看不见的是，将 10 万士兵遣散不是将 1 亿法郎金钱拿去打水漂，而是将其归还给纳税人。你看不见的是，在将 10 万劳动力投入就业市场的同时，多出了 1 亿法郎金钱用于犒赏他们的劳动。这个动作在增加劳动力的同时也随即提升了用工需求。用工需求增加了，工资骤降就无从谈起了。你看不见的是，遣散军队前和后，10 万士兵对应的都是 1 个亿的资金。但是如果我们维系军队，这 1 个亿养的就是 10 万游手好闲的无业游民；如果我们遣散军队，这 1 个亿犒劳的就是 10 万劳动者。你看不见的是，虽然两种情况金钱都是流通的，但是纳税人的钱养了兵，他们得不到任何东西，纳税人的钱给了工人，他们总能得到点什么。在这个案例里，多余的军队对国家来说是毫无价值的。

时间是检验真理的试金石，我所反驳的这种诡辩必定经受不住时间的考验。如果穷兵黩武符合国家国民利益且能让每个受损方都能获得补偿，那为何不把全国的男性公民都征去当兵呢?

**注释:**

① 梅斯: 法国东北部城市，历史悠久、经济繁荣，自古以来便是欧洲交通要道。

第三章

躲不开的税

不知你是否偶然听到过这种言论："没有比税收更好的投资方式了，税收是滋养生命的甘露，它维系了无数家庭的生计，刺激了工业的发展。税收的好处如同生命一般绵延不息。"

　　我不得不再次重复之前的观点来反驳这套说辞。政治经济学家们深知自己的理论枯燥乏味，很难吸引到关注。但他们同样明白，有理没理只要讲上千遍自然悦耳动听。于是，政治经济学家们便模仿起巴西里奥①的做法，从自身利益出发篡改谚语。到了他口中，重复这些陈词滥调倒是为了让人们学到真知。

　　官员们花掉自己的薪水所享受到的好处是可以被看见的，给官员提供服务的供应商获得的好处也是可以被看见的。但这些好处蒙蔽了人们的双眼，让人看不到纳税人自身和他们的供应商在纳税过程中所遭受的损失，而这本身是不证自明的。

一名官员为自己花了 100 苏[②]就意味着纳税者为自己少花 100 苏。官员花钱这个行为我们可以看得到，但是纳税人少花 100 苏的这个行为我们其实看不到。

如果你把整个国家比作干旱的土地，把税收比作甘霖。你应该扪心自问，这甘霖的源头在哪里？它其实是土地本身蒸发的水分而已。

而且你也应该思考一下：土地蒸发的水分最终都能百分百转化成降雨重新回到土地中吗？中间不会有任何流失吗？

这其中有一件事情是确定的。詹姆斯给税务官上缴了 100 苏的税，他什么也得不到。之后，当官员花 100 苏购买詹姆斯的谷物或者其他等价劳动时，我们总的算下来，詹姆斯在整个过程中损失了 5 法郎。

当然通常情况下，公务员们会为詹姆斯提供等价的某种服务，这种情况下，双方都没什么损失，仅仅是某种价值交换。这些有用的功能也不是我想反驳的点。我想表达的是如果要设立一个公共职能机构，需要先证明它是否真的能服务于人民。向詹姆斯证明：他交了税，公务员能为其提供等价的服务，公务员的服务对詹姆斯来说是有价值的。但是除了这些固有效益外，你不能无视这些税款为公务员自己、他的家庭以及为他提供日常用品的商人所带来的好处，也不能说这种纳税行为鼓励了就业。

詹姆斯缴纳了 100 苏的税款，作为回报，公务员给他提供了一项有用的服务；或者詹姆斯给了鞋匠 100 苏，鞋匠卖给他一双崭新的鞋子。这两个事件对詹姆斯来说从中所获得的效用是类似的，都是一种公平的交换行为，但是，如果詹姆斯缴纳了 100 苏的税款，而公务员什么服务都没有为其提供，那詹姆斯这 100 苏的税款就跟被盗了没啥区别。当然有人会说公务员会拿这些税款做鼓励全国生产的事情，这些就都是胡话了。小偷也可以做类似的事情。如果詹姆斯没有被这大型的、合法的、如同寄生虫一般吃白食的人褫夺了钱财，他也能用这 100 苏做鼓励全民生产的事情。

我们需要不断提升自己，判断一件事情的是非不仅要考虑眼前能看得见的，也要考虑看不见的因素。

去年我在财政委员会任职，当时反对派在制宪国民大会中仍有席位，制宪者们行事还算明智。梯也尔③先生说："我一生都在反对保皇派和宗教派。但自从共同的敌人将我们团结在一起，我开始面对面地跟他们对话，我发现他们并不像我之前想象的如野兽一般可恶至极。"

政党之间若无法调和，彼此之间就会滋生厌恶，相互的怀疑也会被夸大。如果多数党允许少数党在委员会中占有一席之地，也许他们就会发现原来双方的很多观点并不是水火不容，彼此的意图也并非不通情理、一意孤行。

但是，去年我在财政委员会的时候，每当我的同事提及适当削减一下法国总统、官员、大使们的用度，就会听到这样的声音：

"维持政府办公环境的显赫和威严是为了更好地为公民提供服务，而且能够吸引优秀的人才加入公务员队伍。如果一群失败者每天总想着寻求总统的帮助，总统不断拒绝他们的过程也是很痛苦的。部长和大使们的座驾稍微华丽些，也是立宪政府的有机组成部分。"如此等等。

我们可以先认真地审视一遍这个言论，不要妄自说它不好。不管怎么说，他们是以公共利益为出发点的，是对是错暂且不论。就我个人而言，我觉得这些人比那些吝啬鬼要强太多，吝啬鬼纯粹是因为吝啬或嫉妒。

但是真正触发我作为一名经济学家的良知，同时让我为我们国家的知识分子感到脸红的是，他们在这些论点上借题发挥

（他们对此乐此不疲）并最终得出如下荒谬的陈词滥调（不幸的是，却总是很有市场）：

"政府官员们有必要维持奢靡的生活，他们能促进艺术、工业和就业发展。国家元首以及官员们举办宴会、进行社交活动也促进了整个社会的流动。如果减少他们的用度，整个巴黎工业都会受累，继而影响到整个国家。"

我的天哪，先生，麻烦您学点算术好吗！我劝您不要在法国国民制宪大会上发表上述言论，以免让其跟您一同蒙羞，被人发现您认为将数列中数字前后相加的顺序换一下就能得出不同的和。

好吧，我举个例子，我想花 100 苏聘请排水工帮我在田里挖一道沟渠。我们刚达成协议，这时候稽税官出现并拿走了我的 100 苏，将钱给了内政大臣。我的沟渠此时挖不成了，它变成了内政大臣餐桌上的一道加菜。如果是这样的话，你还敢说这种官员消费促进了整个国民生产？你难道不明白，这只是一次简单的消费与劳动的转移？官员吃的菜品变得丰富了，但是作为农民，我的土地变得更加干涸。当然为官员提供服务的酒馆店家挣到了 100 苏，但是原本帮我挖水渠的排水工却丧失了挣钱的机会。由此我们可以得出结论：在这个故事中，官员和巴黎的某个酒馆店家的需求得到了满足，这是我们看得见的；我们看不见的是农民的土地变得干涸，外省的排水工也失去了一次获取劳动报酬的机会。哎！证明二加二等于四怎么这么费劲？如果你证明了二加二等于四，他们又会说："这题太简单、太无聊了。"然后就如同你什么都没证明过一样，他们转身就把选票投给了其他人。

**注释：**

① 巴西里奥（Basile）：法国著名喜剧作家加隆·德·博马舍《塞尔维亚的理发师》（发表于 1775 年）中女主角罗西娜的音乐教师，是个贪财的卑鄙小人，为巴尔托洛医生出谋划策意图娶罗西娜为妻并霸占她的财产。在法国有一知名谚语——"被错拿的总会被物归原主"（翻译成英文为"What has been taken by mistake can always be returned"）。在《塞尔维亚的理发师中》，巴西里奥将这句谚语改编，将"物归原主（to return）"改成"据为己有（to keep）"，即"被错拿的可以被据为己有"，显示了他自私自利的行为。巴斯夏借此批判法国政府总是通过赋税的形式向国民索取资源但却从无回报。

② 苏（sous）：法国辅币名，今相当于 1/20 法郎，相当于 5 生丁。

③ 路易·阿道夫·梯也尔（Louis Adolphe Thiers, 1797—1877）：法国政治人物，早年当过律师和记者。曾任法国内阁大臣、首相、国民议会议员等职，后期残酷镇压巴黎公社。

第四章

爱艺术也要讲道理

国家应该资助艺术吗？

资助与否双方都有很多说辞。支持资助的一方会说，艺术
扩大、提升、抚慰了整个国家的灵魂，它将人们从过度的物欲
生活中解救出来，培养人们对美好事物的喜爱，从善如流，人
们的行为举止、风俗习惯、道德品质也会得到相应提升，最终
受益的是整个工业。如果没有意大利的剧院和艺术学校，法国
的音乐辉煌便无从谈起；如果没有法兰西剧院，法国的戏剧艺
术不可能百花齐放；如果没有各种艺术藏品、画廊和博物馆，
法国的绘画和雕塑艺术也不会如此炉火纯青。人们可能进一步
指出，正是因为这种对美好艺术的集中管理和补贴政策，法国

人民才获得了不凡的艺术品位并引领整个世界在艺术的道路上不断尝鲜。就此而言，法国人民对艺术领域的绵薄贡献让整个法国艺术在欧洲大陆上一枝独秀，如果剥夺了人民为艺术做贡献的权利，这是非常鲁莽的。

对于这番说辞，我承认它很有说服力，但相信其他人也可以给出同样有力的驳诉。政府资助艺术这事儿，首先有个分配公正的问题。立法者是否剥削了技工们的收入来为艺术家谋取利益？拉马丁先生[①]说："如果要停止资助艺术，应该从何处下手？我们是不是也要停止对大学、博物馆、学院和图书馆的资助？"这个问题就如同在问：如果所有好的有用的东西都应该获得资助，那到何处是个头儿？你是不是也应该列一个支持农业、工业、商业、慈善和教育领域的名录？反观一下，我们需要思考政府支持是否真正促进了艺术发展。这个问题悬而未决，但我们清楚地知悉那些发展比较好的剧院都是靠自身的资源自力更生。再往更深层次去考虑这个问题，要知道人民对必需品和消耗品的需求此消彼长，因此在政府资源有限的情况下，政府对消耗品的不断资助意味着对必需品扶持的不断减少。政府应该从中抽身，因为以现有的国民财力，仅靠征税手段或可维系奢侈艺术或可维系基础产业发展，两者不可兼得，且会破坏人类文明的自然进程。我可以说，人为干预需求、品位、劳动、人口等的配置毫无理论依据，且会将整个人类置于鲁莽危险的境地。

以上观点来自反对政府干预某种事物发展的人士。自然状态下，每位市民都认为自身的需求和欲望应该被第一时间满足，他们也希望以此来指引自身的行事方式。就我个人而言，我也认为选择权与推动力应该是自下而上的，应该来自民众而非立法者。一旦顺序颠倒，人类自由与尊严将荡然无存。

但是人们总喜欢断章取义，经济学家们如今面临着多么不公的指控啊！如果我们反对政府补贴某项事物，别人就会认为我们在反对这些事物本身，甚至视我们为这些活动的敌人。我们仅仅希望能自主选择是否参与这些活动并希望活动本身能自力更生，这一切却为人所忾。由此及彼，如果我们反对国家税款资助宗教事业，我们便是无神论者；如果我们反对国家税款资助教育事业，我们便是轻贤慢士之徒；如果我们反对国家税款给土地或某项工业虚增价值，我们便是国民财富和国民生产的大罪人；如果我们反对国家资助艺术家，我们便是持艺术无用论的野蛮人。

我以毕生之力反对如上指责，这种指责荒谬至极。我们并不是要废除宗教事业、教育事业、财产增值、国民生产、艺术创作等人类活动，而是认为国家如要保护上述所有活动的自由发展，不应以牺牲社会其他人发展为代价。恰恰相反，我们认为，这些社会活动在自由状态下会更加和谐地彼此发展，而不是像当下这样成为某些麻烦、陋习、专横及混乱的诱因。

我们的反对者认为，如果一项活动不受政府管理或资助，这项活动势必消亡。我们的观点与之截然相反。他们信奉立法者，而不是人类本身；我们信奉人类本身，而不是立法者。

拉马丁先生会说："既然如此，我们就应该废止那些给我们国家带来荣耀和财富的公共展览。"

而我要告诉拉马丁先生的是：不资助即为废止是您的思维逻辑。您这个逻辑得出的出发点是，没有什么事物能脱离开国家意志独立存在，因此，没有国家干预就不能成事。对此，我想用一个您用过的一个例子予以回击，那就是时下正在伦敦城里紧锣密鼓筹备着的万国博览会②，这是人类历史上最盛大、最辉煌，同时又富含自由精神、普世精神，甚至称之为人道主义精神都不为过的盛会，而正是这样一场盛会，其中既没有政府干预，也没有国家税款资助。

再说艺术品，对于政府资助艺术的看法可谓众说纷纭，正反方各执一词。但请读者们注意，我此书的用意并不是力求解释清楚这些论据或者最终选择对其中一方支持与否。

然而，对于拉马丁如下的论述我选择不再沉默，因为其观点跟当下的一种经济理论联系甚密。即"关于剧院等的经济讨论其实归结起来就是两个字——就业。就业本身的性质倒不重要，剧院行业像国内其他行业一样能创造出丰富的就业机会。法国的剧院养活了各行各业的人——画家、泥瓦匠、装潢师傅、服装供应商、建筑师等，其总数不下 8 万人，这些人是这个城市的有机组成部分。从这个意义上讲，他们更值得你们的同情"。

你的同情？！倒不如说是你的钱来得更准确些。

拉马丁先生继续着他的说辞："巴黎之欢愉给周围的省份创造了就业机会和消费需求，富人们过着奢靡的生活让 20 万各行各业的工人们有面包吃、有工资领。剧院产业链上的各行各业为这些工人和他们的家人提供了基本的生活保障，同时又造就了辉煌的法兰西，真是一举多得。你们上交的 6 万法郎最终是给了这些人啊！"（太精彩了！太精彩了！我得给你鼓掌）

但站在我的角度，我得说："这太糟糕了！太糟糕了！"当然，我的批评是限于拉马丁先生的这一经济谬论。

不可否认，这 6 万法郎一部分会使剧院行业的工人们受益，但也有一部分会在半路上落入别人的腰包。如果我们再细究一下这个问题，我们就会发现工人们得足够幸运才能抓得到一丁点蛋糕的碎屑，而蛋糕的绝大部分早已去了不该去的地方。但是此时此刻，为了能方便讨论，我就暂且假设这 6 万法郎全都使画家、装潢师傅等工人们受益。

6 万法郎让工人们受了益，这是我们看得见的。但是这钱从何而来？这是硬币的另一面，与前面的讨论一样重要。 6 万法郎从何而来？如果立法者没有通过投票先后将这笔钱投向里沃利大街③和格勒奈尔大街④，这 6 万法郎又将流向何方？这些是我们看不见的。没人敢说议会的这次投票让 6 万法郎凭空从投票箱里孵化出来，也没人敢说这 6 万法郎是国民财富的净增值，更没人敢说如果没有这次投票，那这 6 万法郎对人们来说就是看不见摸不着的。不得不承认，多数派能做的其实就是决定将一处的资源挪至另一处，但欲要予之一方，他们必先要取之一方。

情况是这样的，纳税者交了 1 法郎的税款，他就失去了这 1 法郎的支配权，享受不了其所能带来的效用。而原本要为这个纳税人提供某种服务的工人，也失去了赚取这 1 法郎工资的机会。因此，让我们摒弃那幼稚的幻想，以为 5 月 16 日针对这 6 万法郎使用权的投票能给国计民生、国民就业带来什么好处，它只不过是将一方享受转给另一方、一人的工资换给另一人，仅此而已!

也许有人会说，总有一些危在旦夕、更加高尚甚至是更加合理的行业和事务需要政府的资助，这个观点我不敢苟同。我敢说，政府从纳税人那里拿走 6 万法郎，歌唱家等人的工资提高了，而泥瓦工、水管工、木工、铁匠等工人的工资就相应减少了。

没有人说歌唱家等人的阶层比铁匠、木匠等人的阶层更需政府的同情，连拉马丁先生都未曾这样说过。他只说过剧院行业和其他行业一样能够富有产出，如今看来这一点着实存疑，因为如果剧院行业需要其他行业相助才能存活的话，那它和其他行业一样富有产出这一论点就毫无依据了。

但是，这种不同行业的内在价值与优劣的比较并不是我此番想讨论的重点。我只是想向拉马丁先生及其支持者指出，一枚硬币有两面，一方面，你们看到了剧院行业养活了它产业链上的供应商们，另一方面，你们也应该看到给纳税人提供服务的各行各业由此而蒙受的损失。如果他们做不到这一点，他们便会被人讥笑误把财富的重新分配当成了增长。如果他们真心相信这个理念，按这个逻辑政府就应该无上限地资助他们。因为一个道理对 1 法郎和 6 万法郎同样适用，那自然也适用于 10 亿法郎这样的庞大资金。

当我们讨论税收的时候，先生们，你们应该从事物最根本的原因去证明其合理性，而不是说出类似这样令人失望的妄言。"公共支出会让工薪阶层受益。"这种妄言掩盖了重要的真相，就是公共支出只不过是在替代个人支出，因此我们为一个工人带来生计，就会让另一个失去工作，对于工薪阶层整体而言并无增加。你们的论断足够紧跟最新潮流，但是千万不要假装这些都是理性思考的当然结果。

**注释：**

① 阿尔封斯·德·拉马丁（Alphonse Marie Louis de Lamartine，1790—1869）：法国政治家，法兰西第二共和国奠基人。 1833 年，拉马丁当选国民议会议员，1848 年二月革命后成为临时政府的实际首脑。拉马丁主张法国政府应该对任何与艺术、文化相关的产业进行政府补贴，因为艺术、文化是法国向欧洲大陆彰显优越性的力量所在。拉马丁也是法国知名作家，他的主要作品有《新沉

思集》《诗与宗教的和谐集》等。

② 万国博览会（The Great Exhibition）：此处指 1851 年在伦敦海德公园举行的万国工业博览会，由伦敦工艺协会（the London Society of Arts）赞助主办，旨在促进艺术及工业发展。本次博览会是世界博览会的第一届，在著名建筑物"水晶宫"中举行，维多利亚女王的丈夫阿尔伯特亲王主持了该次活动。

③ 里沃利大街：巴黎最著名的街道之一，与塞纳河平行，东起巴士底狱，西到协和广场，被称为"一条充满时尚气息的商业街"。名字来源于拿破仑最早胜利战役之一——对抗奥匈帝国及于 1797 年 1 月 14 日至 15 日的里沃利战役。

④ 格勒奈尔大街：巴黎著名街道之一，与里沃利大街隔塞纳河而望，两条大街所在区域剧院、名胜众多。

第五章

国家工程的就业迷思

对于一个国家来说，当它能确信一项事业对社会有贡献，那最自然的做法就是通过征收民众资金来让其得以实施。不过坦率地讲，每当我听到人们为支持这些项目而犯下的在经济学范畴的傻事时，我的耐心很快就燃尽了。永远都是那一句："顺便一提，这个项目可以创造就业机会。"

　　政府兴修道路、建造宫殿、开拓运河，于是就会为一部分劳动者创造就业机会，这是一眼就能看到的；但另外一些劳动者也因此失去了工作，却往往被忽视。

　　道路工程启动，每天早晨都会有 1 000 名工人来上工，他们早出晚归地辛苦工作赚取报酬。这当然是事实。如果修路计划没有得到实施，资金支持没有投票通过，这些勤劳的人既得不到工作也拿不到报酬，这也是毫无疑问的事实。

但这就是故事的全部吗？修路这个行动整体是否还包含其他部分？当迪潘①先生志得意满地宣告"议会已经决定……"，难不成数以百万的资金就会奇迹般地趁着月光自动落进福尔德②和比诺③掌管的国库吗？为了整个工程能够按照规划顺利展开，政府不是还有大量的收支管理工作需要做吗？稽税官和纳税人不也是重任在身，前者需要加紧征税，后者则需要缴纳税金？

现在开始，我们要从两个角度来研究这个问题。当你注意到数以百万计的劳动者从国家获得利益时，请不要忽视那些为此付出的纳税人，当下对这两者的关注并不能等量齐观。只有这样思考问题，你才会明白公共工程是一个两面的硬币。一面很容易被看到，大量劳动者因此获得劳动机会；可是另一面却往往被忽视，同样有大量劳动者因为这些工程失业。

笔者意图在本作中驳斥的那套诡辩理论在公共工程领域尤为危险，因为太多时候这套理论的最大作用就是为那些铺张浪费的工程找借口。当修建一条铁路或是一座桥梁真正有用的时候，我们只会提到他们将要发挥的作用。但是当这些工程其实并无实际作用时，他们会怎么办？他们会以这样的借口故弄玄虚："我们必须为劳动者创造就业机会。"

正是以这样的逻辑，战神广场④的下水道工程才会不断反复。据说，拿破仑⑤皇帝认为这种挖了埋、埋了挖的做法是一种乐善好施。他因此宣称："这些工程有什么意义？我们就是想要与劳动阶层一同分享财富。"

还是让我们来追根溯源吧，别让金钱蒙蔽了我们的双眼。公共工程要求所有市民在财政上通力合作，要么付出劳动，要么缴纳税金。因此在实际的实施中这些决策都需要全民达成共识。现在，所有的市民都被号召起来进行劳作，大家同心协力投入到某项工程中，工程的成果则会惠及全民。这样一切就都很好理解了，最终所有人都将从工程带来的便利中获益。但如果我们召集所有的民众，目的却是让他们投身建设一条并没有人会经过的道路，或是无人会居住的宫殿，仅仅只是为了让他们有工作，这就会很怪异，民众也有充分的理由来质疑。"这些劳动对我们毫无益处，还不如为自己做点事情。"

让市民们以金钱替代劳力来做贡献的做法，也不会改变这一结果。唯一的变化就是损失分摊到了所有人头上。雇佣劳工的模式下，那些被政府雇佣的工人倒是能躲开损失，但他们的同胞却要为此被雪上加霜，因为这些人上缴了税款，却没有在这里谋到工作。

我们的宪法明明白白地写着："全社会将支持并鼓励就业，政府、各部门、各教区实施的公共工程就是为了让希望获得工作的人能够安居乐业。"

对纳税人而言，这种干预政策作为一种紧急状况下的临时措施，特别是在经济寒冬之中，确实有一定的作用。其性质类似于国家保障。这种做法并不会让就业机会或经济收入有任何增加，不过是在蒙受一定损失的前提下，将正常时期的就业机会和经济收入转移到了困难时期。

但作为一种常态、总体、系统性的措施，这种做法就无异于一场耗资巨大的骗局，一场无望的徒劳，本身难以自圆其说。看得见的是工程会让一小部分劳动者高兴，但看不见的则是随之而来的数不尽的失业者。

**注释：**

① 安德烈·玛丽·冉·雅克·迪潘（André Marie Jean Jacques Dupin，1783—1865）：法国王政复辟时期的著名律师和自由派政治家。曾任 1832 年法

国国民议会议长、1849 年法国立法议会议长。

② 阿希勒·马库斯·福尔德（Achille Marcus Fould, 1800—1867）：法国知名银行家和自由派政治家。曾经先后出任法兰西第二共和国财政大臣以及法兰西第二帝国国务大臣。

③ 让·马歇尔·比诺（Jean-Martial Bineau, 1805—1855）：法国政治家。曾任 1849 年法国公共工程大臣及 1852 年法国财政大臣。

④ 战神广场（Champ de Mars）：坐落于法国巴黎七区的广大带状公园，介于位在其西北方的埃菲尔铁塔，以及位在其东南方的巴黎军校（Ecole militaire）之间。名称来自罗马的战神广场，法国曾经使用这一场地迎接过数次世界博览会及 1900 年的奥林匹克运动会。

⑤ 拿破仑·波拿巴（Napoléon Bonaparte, 1769—1821），即拿破仑一世（Napoléon I），出生于科西嘉岛，19 世纪法国伟大的军事家、政治家，法兰西第一帝国的缔造者。历任法兰西第一共和国第一执政（1799—1804）、法兰西第一帝国皇帝（1804—1815）。

第六章

我们需要中间人吗？

社会是人与人之间或主动或被动地相互服务的总和，而这其中就包含了公共服务和个体服务。

前者由法律保障实施并监管执行，这使得要改变他们变得极为困难。很多公共服务都已经被视为扰民之举，但即使人人呼吁变革，这些服务还是会因为曾经发挥的作用而得以保留。后者则更多来自实际的需求，并由个人来负责实施。人们会在一连串的讨价还价之后，付出本人能够承受的代价，获得符合期望的收获。他们会为真实的效用付出合理的价格。

因此，前者这样的服务很容易沦为僵化的旧制，而后者则可以与时俱进。

公共服务的开展往往言过其实，且伴随着大量的资源浪费，更会给整个社会带来一种极为有害的沾沾自喜。可奇怪的是，很多现代学派却反将自由的个体服务视为问题之源，致力于以公共服务取代市场中的职业和岗位。

这些学派激烈地抨击他们口中所谓的"中间人"。他们乐于去打压那些资本家、银行家、投机者、企业家、商人以及小贩，控诉他们在生产和消费之间横插一杠，两头获益，却没有带来任何真正的回报。可是他们也并没有办法完全跳过这些工作，就宁愿将这些职能交由国家服务来实现。

他们在这个问题上的诡辩之术就是向公众展示他们为这些中间人服务付出的代价，却对需要付给政府的代价三缄其口。我们双眼所见和理性感知之间存在着矛盾，而要洞悉这一切就需要我们能够领会那些看得见的和看不见的。

在大饥荒时期①，尤其是 1847 年，他们成功地让这些危险理论广为流传。他们清楚地知道即使最荒唐的宣言，对于身处绝望之中的人来说也会充满诱惑力，"饥饿是魔鬼的引路人"。②

因此，他们利用"人身买卖""投机倒把""垄断"这样耸动的辞藻抹黑商业，并掩盖其带来的好处。

他们说："为什么要让商人们负责从美国和克里米亚③进口

食物？为什么国家城镇各级政府不能来承担食物供给，并且经营店铺？他们可以按照成本价销售，这样可怜的人民就无需向那些自私自利、目无国家的商人们付钱了。"

人们向商人们付出的代价是看得见的，而在由政府负责的情形下，人们需要向政府或其代理人付出的代价，则是看不见的。

人们付给商人们的代价本质到底是什么？两个人自由地相互提供服务，而竞争的压力则会压低价格。

巴黎的人民饥肠辘辘，可他们需要的粮食却远在敖德萨④，唯有让这些粮食翻山越海，才能解他们的燃眉之急。饥民想要实现这个目标有三种方式：其一，自力更生，前往敖德萨获取粮食；其二，交给以这项工作谋生的人；其三，上交税款，交由有关的公共管理机构负责。

这三种方式哪一种最为有利？

在任何时空、任何国家，越是自由、智慧以及富有经验的人民，就越倾向于自主地选择第二种。坦率地说我觉得这已经足够支撑我们做出选择。我无法想象人类会在这样与自己紧密相关的问题上自欺欺人，不过我们还是好好思考一下这个话题。

3 600万人民自主前往敖德萨获取粮食，显然是天方夜谭。第一种方式并无实现可能，消费者无法自行解决需求，他们必须诉诸中间人，既可以是政府官员，也可以是代理商。

　　但是需要注意的是，第一种方式才是最为自然的选择。在现实中，一个饥肠辘辘的人必须去寻找粮食，这是他个人的要务，对这种服务的需求也源自他自己。如果有另外一个人因为各种原因，帮他获取了粮食，那么这个人当然有权向他索取酬金。中间人的制度本质上就是这样等价交换的酬金原则。

　　然而，这些学派总是称呼中间人为"寄生虫"，我就想问一问，商人和官员到底哪边更像是"寄生虫"？

　　商人们（当然是指自由市场的商人，除此之外不值得分析）因为其逐利的本性，会自主地研究季节，日复一日地紧密观察粮食的生长情况，从全球各地获取信息来预测需求，以期提前做好准备。他们的货船永远整装待发，他们的雇员遍布全球各地；为了自身利益，他们会尽可能低价收购，竭尽所能降低流程成本，以最小努力获得最大成果。法国的商人们不仅致力于解决法国人民的各种需求，逐利的本性让他们不遗余力压低成本，而相互之间的竞争更是让他们不得不与消费者分享收益。粮食运抵目的地，商人们为了避免风险就必须尽快完成销售，唯其如此才能实现回款，再次奔向下一个机会。

在价格差的引导下，粮食得以在世界各地流通，永远在第一时间涌向价格最高的地方，而那里对粮食的需求也最为旺盛。无法想象有另外一种制度可以像这样全面、精准地满足需求；这一制度的美好正源自其自由的本质，而这却往往被一些人忽视。当然，消费者必须要向商人们额外付费，来承担货运、物流、仓储、佣金等开支，不过这世界上又有什么系统可以让消费者不用支付这些费用就把粮食从千里之外送到眼前呢？任何制度下人们都需要为这些服务付出酬金，但从价格来讲，自由竞争可以让这个金额降到最低。而从公平来看，马赛的商人会为巴黎的工匠服务，而巴黎的工匠也不会拒绝来自马赛商人的工作邀约。

如果诚如某些学派所言，让政府来取代商人们的职能，又会发生什么呢？对于公众来说在哪些领域能够节省开支？是可以获得更低的价格吗？想象一下，4万名政府代表在某一天涌入敖德萨，他们都想购粮，这对粮价的影响不言而喻。是能够节省其他开支吗？是否可以降低运输中所需的人力物力或是免除相应的费用？是否这些就是商人们的利润之源？官员们去敖德萨是否就全无所求？他们出差是否全是出自博爱之心？他们是否无须为谋生而困扰？他们是否需要为付出的时间得到报酬？你是否真的相信这些支出不会比商人们2％到3％的利润率高出千百倍？

接下来考虑一下征收如此多税收并分发如此多食物所需面临的重重困难。想一想这些体系下不可避免会出现的分配不公以及权力滥用。想一想政府需要承担的巨大责任。

这些人巧舌如簧，成功借着经济萧条让他们的观点深入人心，他们始终视自己为"先行者"。他们把控着话语权，这不可谓不危险。先行者！这个称号意味着他们比普通人看得更远；意味着他们唯一的错误是领先时代，如果打压部分伪装成自由贸易的"寄生虫"时机尚不恰当，那责任也在于普罗大众，是大众落后了。我发自真心地说一句，事实恰恰相反。我不知道要回到怎样的蛮荒时代才能够配合这些人在这个领域的认识，他们不断试图用一种人为的组织形式代替现实中的社会。他们对于以下事实视若无睹：自由管理下的社会本身就是一个真正的协作组织，远比他们贫瘠想象中诞生的空想要优越得多。

让我用一个例子来做说明。要让一个人能够在早晨起床的时候有大衣可以穿，需要先开垦土地，灌溉播种，种植特定的作物；需要蓄养羊群以获取羊毛；这些羊毛需要纺织、上色转化为布匹；这些布匹需要裁剪、缝制最终变成一件大衣。这一系列的行动需要各行各业的参与，包括农耕、畜牧、纺织、煤炭、机械以及货运等。

如果社会不是一个完美运转的协作组织，那么一个人想要一件大衣就不得不独自完成这一系列工作——从一开始的挥舞锄头开垦土地，到一针一线最终完成大衣制作。不过幸好我们有着社会性这样的优良秉性，这些工作将由不同的劳动者携手完成。随着消费行为愈加活跃，他们的工作得到了进一步的细致分工，每一个步骤都促成了一种新的行业，令大众受益。

接下来则是利益的分配，这将根据每个环节在整个工作中带来的价值进行。如果这还算不上协作，我不知道又有什么能够称得上。

在这个过程中，没有哪个工人的工作是从无到有的，他们必须要互相服务、互相帮助来完成共同的目标。他们每个人相对其他人来说都可以被视作"中间人"。举例而言，如果货运的重要性不断提高，以致需要雇用专人来完成，就和纺线、织布需要专人来完成一样，那为何前者就要被认为比别人更像"寄生虫"？货运一样是必不可少的环节，不是吗？难道不也一样需要付出时间和辛苦？难道这些工作不也是在为其他人排忧解难？这和其他人的工作又有什么本质的不同？他们难道不都是为了报酬工作，难道不都是生产环节中的不同分工，难道不都是为了降低成本？这些分工安排难道不都是在完全自由的状态下为了共同的利益而进行的吗？而某些学派假装想要为我们组织一切，却要霸道地破坏这些自发的安排，限制社会化分工，以孤立劳动替代通力合作，让文明走回头路，我们又能从他们那里得到什么？

我所描述的不正是组织协作吗？每一个人都可以自由地加入或退出，可以选择自己在其中的位置，为了自己的诉求做判断、讨价还价，其个人利益将成为他行为的动力与保障。我们真的需要一个装模作样的改革者来实施他个人的计划和意愿，由一个人来代替整个人类的智慧吗？

我们越是审视这些号称"先进"的学派，我们就越能发现这些人的底色：将无知包装成永远正确，并以永远正确之名行专制之实。

我希望读者能够原谅我的偏颇。这些讨论并非全无作用，圣西门⑤主义、法朗吉⑥的宣传者以及伊加利亚岛⑦崇拜者的雄辩之言在大众媒体中随处可见，而这些论断对自由劳动和贸易都带来了深刻的威胁。

**注释:**

① 大饥荒时期：亦称马铃薯饥荒或爱尔兰大饥荒，由于 1846 年西欧及北欧谷物和马铃薯作物歉收，导致 1847 年食物价格上涨，继而导致农业、工业及金融业衰退。饥荒期间，英国统治下的爱尔兰人口锐减了将近四分之一。

② "饥饿是魔鬼的引路人"："malesuada fames"，选自维吉尔的《埃涅伊德》。

③ 克里米亚：克里米亚半岛，又称"克里木半岛"，位于欧洲东部、黑海北岸的半岛。半岛西、南临黑海，东北濒亚速海，北以彼列科普地峡与欧亚大陆相连。

④ 敖德萨：乌克兰沿海港口，濒临黑海西北侧，为黑海沿岸最大的港口城市和重要工业、科学、交通、文化教育及旅游中心。由于天然海港常年不冻，在水路运输占有重要地位，被誉为"黑海明珠"。

⑤ 克劳德·昂利·圣西门（Claude-Henri de Rouvroy， Comte de Saint-Simon，1760—1825）：法国伯爵，19 世纪初叶杰出的思想家。

⑥ 法朗吉：是夏尔·傅立叶（Charles Fowrier，1772 - 1837） 1832 年在报纸《法朗吉》中提出的，意为公共建筑，每个法朗吉有 1 600 人，是傅立叶所幻想的理想社会（即"和谐制度"）的基层组织，后均告失败。傅立叶是法国哲学家、思想家、经济学家、空想社会主义者。

⑦ 伊加利亚岛：出自法国著名空想社会主义者卡贝的代表作《伊加利亚旅行记》，描绘了一个没有剥削、人人平等、人人自愿联合起来的社会。

第七章

贸易保护先生传奇

"贸易保护先生"（名字可不是我起的，命名之父是夏尔·迪潘先生①）投入了时间和资本将自家土地出产的矿石冶炼成钢铁。可是比利时人拥有更为得天独厚的自然条件，他们向法国出口的钢铁比"贸易保护先生"更加便宜。这意味着法国人民或者说整个法国只需付出更少的代价，就能从值得信赖的佛兰德斯②人手中买到同样数量的钢铁。人们当然不会让自己吃亏：每一天，数不胜数的钉匠、铁匠、马车匠、机械师、蹄铁工以及各种不同工种的劳动者都不约而同地选择购买这些廉价的钢铁。他们或亲身奔赴比利时，或借助中间商的帮助。这让我们的"贸易保护先生"很不开心。

"贸易保护先生"第一闪念的想法是由自己出手来终结这场闹剧。他觉得自己非这么做不可，毕竟这里唯一的受害者就是他。"我要带上我的卡宾枪，"他说道，"我要在皮带上挂四把手枪、装满弹药盒、带上宝剑，全副武装奔赴边疆。在那里，我要给那些铁匠、钉匠、蹄铁工、机械师或是锁匠们一点颜色瞧瞧，让他们学会管好自己的生意而不是涉足我的事业。我会杀伐果断教会他们什么叫生存不易。"不过经过一番深思熟虑，"贸易保护先生"高昂的战意略为平复，他自言自语道："首先，那些购买钢铁的人，其中既有我的同胞也有敌人，他们说不定会不高兴。要是他们拒绝任我宰割，反而向我痛下杀手可就糟了。要是真的变成这样，就算我召集了所有的侍从，可能仍然难以自保。简单一句话，这么做会让我付出巨大代价，远超能获得的战果。"

　　"贸易保护先生"正准备接受这一令人难过的命运，他不得不委曲求全，去接受他只不过和世界上的其他人一样自由这个事实。就在此时，他脑海中闪过一道灵光，他想起了坐落在巴黎的那座伟大的"法律工厂"。"法律是什么？"他接着自言自语，"法律就是一旦通过，不管是好是坏，每个人都必须遵守的条例。有专门的公共武装来保障法律能够一视同仁地实施。

国家拨出了专门的人力和财力来维持这些武装力量。那么我需要做的就只是让这座工厂通过几条小小的法律。'禁止比利时钢铁',只要通过这条法律我就能够得到想要的战果,政府会派遣2万名雇员代替我的随从们,他们正是那些农民、铁匠、锁匠、钉匠、机械师以及各类劳动者的儿子。而要让这2万名海关雇员吃饱穿暖、精神愉悦,政府就需要花费超过2500万法郎,而这些钱正来自铁匠、钉匠这样的劳动者。让他们来守护边疆可是让人安心多了,而且我一分钱也不用花。这样,我就再不用扮演横征暴敛的中间商角色,还可以自由自在地给钢铁制定价格,甚至可以通过观赏人民困惑的脸庞来感受到甜蜜的愉悦。他们还可以从这件事情里学学到底该怎样去引领和推动欧洲的发展。这真是让我笑开花的妙计,绝对值得一试!"

于是,"贸易保护先生"来到了"法律工厂",下次有机会我可以和大家讲一讲他在背后使出的阴谋诡计,不过这次就容我简述他在明面上的所作所为。他在负责法律制定的开明绅士面前讲述了以下的考量:

"比利时钢铁在法国的售价是每100千克10法郎,这意味着我也必须以相同价格进行销售。我本想以15法郎的价格出售,就因为这些低价的比利时钢铁而无法如愿。我恳请各位能够制定一条法律，禁止比利时钢铁进入法国，这样我就可以立刻马上让我的钢铁涨价 5 法郎，这将带来一系列的正面效果。"

"我向公众交付的钢铁价格将从 10 法郎提高到 15 法郎，我的财富会更快增长，生意会越做越大，进而雇佣更多的工人。工人们和我的消费也都将相应提高，让服务我们生活的商人们受益。这将促进订单的增长，创造更多的就业机会，更让国家进一步强盛。各位先生向我的口袋中投入的金钱，会像是投入平静湖面的一颗石子，引发经济繁荣的无尽涟漪。"

在场的绅士们痛快地通过了法令，他们被他的雄辩折服，更为能够如此简单地为人民获得经济繁荣欣喜不已。"谈到就业和经济，"他们说，"既然只需要一条法令就能实现，我们又何必庸人自扰，实施那些令人痛苦的措施来促进国民财富增长呢？"

事实上，"贸易保护先生"口中提及的法律的功效确有其事；不过，同时产生的另外一些后果则是他没有能够预见的。公平地说，"贸易保护先生"陈述的理由并没有错，只是并不全面。为了攫取特权，他只关注了那些看得见的后果，却忽视了那些隐藏在背后的看不见的后果。他只提到了整个过程中涉及的两类人，然而同样利益攸关的第三类人却被隐去不谈。而我们的职责所在，就是发现这些或不由自主或老谋深算的忽视。

新的法律让"贸易保护先生"的小金库收入丰盈，这确实会让他以及相关的工人受益；如果他们增加的收入来自月球，那我们倒是可以说这条法令确实有百利而无一害。然而不幸的是，这些钱并不是来自月球，而是来自那些铁匠、钉匠、马车匠、蹄铁工、造船工或是其他的劳动者。简单来说，这些钱完全来自那些为同样重量的钢铁付出更高价格的普通大众代表詹姆斯。这样一来，我们看待这个问题的视角就将完全改变。很明显"贸易保护先生"的利润增加完全来自詹姆斯的损失，而"贸易保护先生"提升个人消费促进经济增长的行为，其实完全可以由詹姆斯自己来完成。这颗石子恰好投进了浩瀚湖水的一个角落，只是因为法律禁止它投向别处。

于是，那些看不见的损失和看得见的收益正负相抵，而这个过程中留下的则是显而易见的不公，更为令人遗憾的则是铸就这种不公的正是我们的法律。

这还不是故事的全部。我之前曾提过故事中还有第三类人始终隐藏于背阴处。现在我要将他请到台前，他将向我们揭示损失的另外 5 法郎。这样我们才能够真正看到这笔交易的全貌。

詹姆斯拥有 15 法郎，这是他辛勤劳动的成果。让我们回忆一下他尚处于自由市场时的场景，他会如何使用这 15 法郎呢？他会花上 10 法郎买一些流行服饰，之后以这些服饰直接购买或是通过中间人获得 100 千克的比利时钢铁。他并不会将剩下的 5 法郎投入水中（这常常被忽视），而是付给各种生意人来换取个人的享受，比如说他可以向书商买上一本包士威主教的《普遍史论说》③。

这样对于整个国家的劳动市场而言，价值 15 法郎的金钱被投入其中，10 法郎流入巴黎的服饰行业，5 法郎流入出版行业。

而对于詹姆斯来说，他获得的 15 法郎给他带来了两种效用：第一，100 千克的钢铁；第二，一本书。

现在我们来看一下法律生效后，詹姆斯的生活会发生怎样的改变？对于全国的劳动市场又会有怎样的效果？

现在詹姆斯要把 15 法郎一股脑付给"贸易保护先生"，用于购买他的 100 千克的钢铁，于是，他被剥夺了阅读书籍可以得到的快乐，或是其他什么等价的享乐。他失去了 5 法郎，这是无法辩驳的现实。当贸易限制造成物品价格上涨，消费者将受到损失，这是毫无疑问的。

他们说全国的劳动市场会因此受益。很遗憾这也并非事实，因为法令的实施并不会改变，前后投入劳动市场的总共就是 15 法郎。

唯一的变化是在法令实施之后，詹姆斯的 15 法郎将全部投入钢铁行业，而在此之前它们本来是由服饰行业和出版行业共享的。

"贸易保护先生"是选择在边境诉诸武力，还是通过推动立法实现个人目标，从道德的视角来看可能会得到完全不同的评价。甚至会有很多人觉得，得到法律支持的巧取豪夺并无不妥，但在我看来，这才是真正的罪大恶极。无论通过什么方式，两者在经济层面的后果完全一致。

看待问题的角度每个人都可以不同，但如果你保持公正的态度，就会意识到任何形式的掠夺，无论合法还是非法都不会带来积极的效果。我们并不想否认，这条法令会给"贸易保护先生"和他的产业或者说国家工业带来 5 法郎的收益。但是我们也必须正视另一现实，这个过程至少给两类人造成了损失：詹姆斯为本来只需 10 法郎的钢铁付出了 15 法郎；其他行业同样失去了得到这 5 法郎生意的机会。现在你需要做选择了，那些可以看见的 5 法郎收益又要用来弥补哪一方的损失呢？无论你如何选择，另一方的损失都无可避免。这就是我们的道德准绳：强取豪夺并不会生产价值，而是摧毁价值。毕竟如果真的只靠巧取豪夺能够带来繁荣，我们的祖国本该富裕得多。

**注释:**

① 皮埃尔·夏尔·弗朗索瓦·迪潘（Pierre Charles François Dupin，1784—1873）：法国数学家，生于瓦尔齐，毕业于巴黎工科大学，曾在巴黎工艺学院担任力学教授，并在海军工程部服役过。 1814 年被选为巴黎科学院院士。

② 佛兰德斯：西欧的一个历史地名，泛指古代尼德兰南部地区，位于西欧低地西南部、北海沿岸，包括今比利时的东佛兰德省和西佛兰德省、法国的加来海峡省和北方省、荷兰的泽兰省。

③ 《普遍史论说》：创作于 1681 年的历史题材畅销书，该书百年内刊行超过三十版。全书论述了作者包士威主教（1672—1704）的神学史观，以形而上视角将历史描绘为上帝与恶魔的争夺，作者在此以此书为例有讽刺之意。

One Enough

第八章

机器公敌

"这些该死的机器！每一年只要他们的性能提升一点，就意味着数以百万计的工人要陷入贫苦，他们被剥夺了工作，再也无法获得工资果腹，都怪这些该死的机器！"

类似这样充斥着偏见的哀号在我们的媒体上随处可见。但对于机器的一味排斥，其实是在与人类的精神背道而驰。我实在无法理解，为何会有人通过这样的妄言得到精神上的满足。

假设事实如此，那又会带来怎样的必然后果呢？按照这样的逻辑，财富或幸福将仅属于那些生性愚钝、裹足不前的庸人。他们没有得到上天的眷顾，不懂得如何去思考、观察、嫁接和发明，不会去追求使用最小的代价，获取最大的成果。而那些孜孜以求地在冶炼、火力、风力、发电、磁力等领域发掘化学及机械原理的人，那些希望了解并且运用自然力量的人，反倒应该陷入食不果腹、衣不蔽体的贫困境地。也许我们可以用卢梭①的名言作总结："思考的人就是一头堕落的野兽。"

还没完，如果这种理念是正确的，人类就必将迎来衰退的宿命。因为人类自从诞生以来，就始终在不断地思考与发明，追求与自然之力达成合作，希望不断降低工作中需要付出的劳动或是成本，这样才能以最小的付出实现最大的效用。人类无时无刻不在追求着进步，但以这一逻辑来看，这将意味着我们人类全员都将为其所困，陷入痛苦之中。

如此说来，统计学就应该告诉我们，兰开夏郡②的居民应该背井离乡，远离这片被机器入侵的土地。他们应该前往对机器尚一无所知的爱尔兰寻找工作机会。历史就应该告诉我们，不是野蛮让文明蒙尘，而是文明会在无知和野蛮的时代大放光彩。

很显然，此种理论存在着很多自相矛盾之处，有些可以说令人十分震惊并警示我们，该问题掩盖了解决此问题的关键要素，此要素并未被充分揭示。

所有的难解之谜都是同根同源：在那些看得见的背后，有一些看不见的。而我正要让人们意识到这一点。我将要做出的阐释和之前的并无不同，因为本质上都是同一个问题。

讨价还价是人类的天性，只要没有外部限制，他们总会寻找最好的条件。这意味着付出同等的劳动，他们总是想获得尽可能多的回报，不管是通过国外的制造商还是技术先进的机械生产者。

理论上，这两种做法都需要面对同样的反对声音，因为两者都会减少劳动者的就业机会。既然我们现在都要以能否促进就业来作为判断的依据，那也就难怪两者都会面对同样的外力阻碍：立法者禁止了外国参与竞争，也禁止了机器参与竞争。毕竟要让人们做出违反天性的选择，也只能像这样以外力去剥夺他们的自由了。

在很多国家，立法者们会选择对其中之一进行全力打击，而对另外一方则是睁一只眼闭一只眼，停留在口头抱怨的层面。这只证明了立法者们的首鼠两端。

我们无须为此惊讶，走在错误的道路上，这种首鼠两端是不可避免的。若非如此，人类早就灭亡了。一个错误的行动准则从来没有也绝无可能贯彻到底。下面就开始我们的推断，这并不会花上太多笔墨。

让我们再次请出詹姆斯先生，他通过雇佣两名员工，挣到了 2 法郎。但是他意识到，如果引入滑轮系统，他就只需要一半的人手。这样他就可以省下 1 法郎，并且解雇一名员工。

詹姆斯解雇员工，这是看得见的。正是因为只能看见这些，有些人才会说："快看看这文明带来的悲剧，自由就是这样侵害了平等，人类智慧取得了卓越成果，结果却让一个工人陷入贫困。詹姆斯可能还是会雇佣两个工人，但现在他们只需要给他们一半的工资，因为他们需要互相竞争，不得不把要价降到最低。结果就是富人越来越富，穷人越来越穷，这个社会急需改变。"这既是个不错的结论，也是个颇有价值的开场白。但值得我们庆幸的是，无论作为序言还是结论，这都是错的。因为除了表面上能够看得见的，故事还有看不见的另一面。

詹姆斯省下的 1 法郎被忽视了，同样被忽视的还有这 1 法郎引发的后果。詹姆斯依靠自己的发明创新，得以在人力成本上节省下 1 法郎，并且还能获得同等的效果，最终将这 1 法郎留在了自己的口袋里。

如果说这造成的结果是世界上多了一个找不到工作的劳动者，那随之而来还有资本家手中多出来的 1 法郎。将这两者放到一起来看，真相便大白于天下：劳动力供需和薪资供需之间的联系并未发生什么变化。

那个拿着 1 法郎薪水的工人与新发明一起完成了之前需要两个工人才能完成的工作。而另外的 1 法郎，则会落到另一位工人的口袋里，只不过他需要做的是一种新的工作。

发生的改变到底是什么呢？国民的总效用实现了增长。换句话说，发明创造在不付出额外代价的前提下，为整个人类带来了更多的硕果与利润。

我之前的阐述很可能会迎来这样的质疑："机器创造出来的价值最终还是都被资本家赚走了。普通的劳动者在经历短期阵痛之后，长期看来也并不会获益。就像你之前所说，最终他们的劳动力只是会被重新配置，虽说工作机会并未减少，但同样也没有增加呀。"

我无意假装可以在这篇文章中回应所有的反对声音，我唯一想要做到的是打击那些广为传播却武断有害的偏见。我想要证明，一种新的机器的发明不仅可以释放出更多的劳动力，更可以带来能够承载这些劳动力的报酬。当这些劳动力和报酬在这些发明之前都是不可能产生的，这意味着发明的最终结果是同等的劳动力带来更多的效用。

又是哪些人得以从这些效用中获益呢？

首先，毫无疑问是那些资本家和机器的发明者，那些最先成功使用这些机器的人。他们凭着自己的天才和勇气得到了这些奖赏。在我们之前的案例中，发明者成功节省了生产所需的成本，而这些节省下来的资金不管花在哪里，最终都会创造出和机器发明前相当的就业机会。

不过不久之后，随着竞争的加剧，资本家将不得不降低产品的价格，直到把节省的成本全都贴进去。到了这个阶段，从发明中受益的就不再是发明者了，而是广大的购买这些成品的人：消费者、普罗大众以及劳动者们。简单来说，全人类都将受益。

这个故事中看不见的在于，整个过程中节省下来的资金最终会转化成一笔一笔的薪资，恰好可以雇佣那些因为机器的原因失去工作的劳动者。

如此让我们回到之前的例子，詹姆斯通过花费 2 法郎的工资来获取收益，而他的发明创造使得人力成本下降到 1 法郎。只要他能够以原价出售商品，他就可以少雇佣一个工人，这是看得见的；但这詹姆斯省出来的 1 法郎同样可以雇佣另外一名劳动者，这则是看不见的。

当詹姆斯随着商业竞争的自然发展规律，不得不将产品价格相应降低，他将不再享有发明的红利，他也就失去了多余的1法郎来增加新的就业机会。但是此时受益的就会变成整个人类。不管谁购买他生产的产品，都只需要付出更低的价格，而省下来的资金最终会成为更多劳动者薪酬的来源。而这些同样也是看不见的。

针对这些关于机器的争论，还有另外一种以事实为基础做出的推论：机器可以降低生产成本，并降低商品的价格。产品价格的下降会引发这类产品消费的增长，反过来会对产能提出更高要求，最终需要的劳动者人数甚至会比机器发明之前更多。出版业、纺织业中我们都能够看到这类的实例。

这种推论并不科学，因为按照这个逻辑会得到这样的结论：假使对特定产品的消费保持恒定，或者说未有明显增长，机器就会伤害就业。但事实并非如此。

假设有这样一个国家，这里人人都会戴帽子。因为机器的引入，帽子的价格降到了之前的一半，但这并不意味着人们对帽子的消费就会翻倍。

你是否会觉得在这个案例中有一部分劳动者会因此失业？如果依照刚才那种武断的推论，可能你就会做出这样的结论；但如果采取我之前的逻辑，就会知道事实并非如此。即使这个国家不再多买哪怕一顶帽子，发明带来的收益一样是确定无疑的。这些资金不流向制帽行业，也会流向消费者们参与的其他市场中，这会为那些因为机器而失去工作的制帽工人带来新的工作机会，同时也会引发各行各业的新发展。

这才是经济发展之道。我们已经看到报纸从 80 法郎降价到 48 法郎，那些订阅报纸的消费者因此省下了 32 法郎。我们不能想当然地说这些钱都会流向传媒行业，但毫无疑问的是这些资金最终都要进入某一个市场。有的可能会用这笔钱订阅更多报纸，有的可能会用来改善自己的生活，有的可能会选择买更好的衣服，有的则可能会选择买新家具。各行各业因此紧密相连，形成了一个巨大的经济脉络，资金通过看不见的渠道得以流转。任何环节效益的提高，最终都会让所有人受益。我们必须要清楚地明白：效益提高来自创新，莫要以就业和工资为借口干扰经济。

注释：

① 让·雅克·卢梭（Jean-Jacques Rousseau，1712—1778）：法国 18 世纪启蒙思想家、哲学家、教育家、文学家，民主政论家和浪漫主义文学流派的开创

者，启蒙运动代表人物之一。作者文中引用的这句话来自其重要作品《论人类不平等的起源和基础》。

② 兰开夏郡：英国英格兰西北部的郡，西临爱尔兰海，是英国工业革命的发源地。

第九章

有借必有贷

古往今来，特别是最近几年，人们总是妄图通过信贷扩张来促进财富增值。

毫不夸张地说，自二月革命①以来，巴黎的新闻界发表了不下 1 万份小册子，鼓吹信贷扩张是解决当下社会问题的良方。信贷扩张的唯一基础，哎！甚至都不能被称之为基础，只是一场视觉幻象罢了！

其荒谬之处在于，这种理论首先将资金与产品混为一谈，继而将纸币与资金混为一谈。这其中区别没弄清楚，其他一切都是枉然。

解决这一问题的关键是要忽略生产环节中不断流通的纸

币、金属货币、票据或其他的支付手段，将问题聚焦于产品本身，因为信贷发生的最终目的是某个产品。举个例子，一个农民借了 50 法郎买了一把犁，那事实上，他最终借的是一把犁，而不是 50 法郎。又比如，一名商人借了 2 万法郎买了一栋房子，最终他欠下的是一栋房子，而不是 2 万法郎。这其中，金钱扮演的角色只是促进了涉事双方的交易达成。

彼得也许不愿意出借他的犁，但是詹姆斯也许愿意出借他的资金。那威廉在其中扮演了什么角色呢? 他借了詹姆斯的钱，用这笔钱买了彼得的犁。

事实上，没有人会为了钱本身去借钱。钱本身只是获得某种产品的媒介。一个国家的总的产品量不会因为从 A 流通到 B 便使其数量有所增加。

不管社会流通的资金总额有多大，借款人最终能获得的犁、房子、工具、原材料供应也不可能比出借人能给予的更多。我们需要时刻谨记，每一次的借贷行为都涉及双方，有借必有贷，借贷必相等。

如此说来，信用机构的优势体现在何处? 信用机构能帮助借贷双方快速找到彼此、完成交易，但他们没有能力凭空增加借贷物品的数量。不过，如果改革者们的意愿达成，他们或许尚有机会，因为改革者的目标正是耕者有其田，他们希望将犁、房子、工具、粮食等送给所有有需求的人。

改革者如何实现这一目标？

让国家为这些借贷行为兜底。

让我们认真审视一下这个问题，因为它包含了我们看得见的，也暗含了我们看不见的，我们必须将双方都纳入考量。

我们可以假设一下，这个世界上目前只有一把犁，但是有两个需要犁的农民。

彼得是这把犁的拥有者，他居住在法国；约翰和詹姆斯希望能够借用它。约翰信心满满，因为他素日里为人诚实、有一定财产、信誉良好，且能向彼得提供担保品，而詹姆斯灰心丧气，因为他的境况与约翰截然相反。如无意外，彼得最终肯定会把犁借给约翰。

但正在此时，所谓的"国家力量"掺和了进来，并对彼得说："把你的犁借给詹姆斯吧，我会给他提供担保，而且保证比约翰更加靠谱，因为约翰除了他自己没有其他担保人。但是我就不同了，尽管除去纳税人的钱我啥也没有，但是如果需要，我可以用他们的钱来偿还你的本金和利息。"就这样，彼得最终将犁借给了詹姆斯。这些是我们能看见的。

完事后，这位"国家力量"擦了擦手，说："看看我们的规划多么成功，感谢国家的干预，可怜的詹姆斯现在拥有了犁，他也不用再徒手刨地了，他走上了致富的道路。这对他是幸事一件，对整个国家也是乐事一桩哇！"

但我提醒各位，事实并非如此。国家并未由此受益，因为其中有些东西看不见。

我们看不见的是，詹姆斯之所有能过借到这把犁，那是因为约翰未能如愿。

我们看不见的是，如果詹姆斯有犁耕田，那约翰就得落得徒手刨地的境地。

因此，我们所认为的一次信贷增加只不过是一场信贷行为的替换罢了。而且我们看不见的是，这次置换行为暗含了两种极度不公平的行为。

对于约翰来说，他素日里诚信行事为自己赢得的信誉被褫夺了。

对纳税人来说，他们要承担起原本跟自己毫不相干的债务。

在这个故事里，犁代表了国家大量的可用资产。总有人认为，因为国家的干预，人们最终借到的会比出借人拥有的多。现在还会有人认为政府为约翰提供了跟詹姆斯一样的生产工具吗？这世上只有一把犁，怎样能同时借给两个人呢？

　　诚然，我用最简单的表述阐释了信贷制度的运作机制，但是如果你细细审视国家那些复杂的信贷机制，你会发现它们其实能做的并不是增加信贷，而是置换信贷。一个国家在特定时期可用资产是有限的，而且均被足额使用。国家为非纳税人做担保，会使得借贷人的数量不断增加，资金使用利率也会由此升高（这一切最终都要由纳税人承担），但国家却没有力量扩大出借人群体和贷款总额。

　　我希望大家不要误解我的意思，前文论述了为何国家不应人为地刺激信贷扩张，但文中没有提及问题的另一面，就是国家同样也绝不应人为地限制信贷业务开展。不管是我国的信贷体系还是其他任何类似的制度，实施过程如若遇到阻碍，我们都应该将其清除。因为这才是最理想、最正义的做法。不过，任何一个改革者在推动这项事业之时，都应将追求人的自由作为行动的大义名分，而非其他。

**注释:**

① 法国二月革命：发生于 1848 年 2 月的资产阶级革命，革命推翻了由银行家、大矿主、大地主等组成的金融贵族执政的政权，建立了法兰西第二共和国。二月革命是法国资产阶级革命的继续，是资本主义发展史上的一个重要阶段。

第十章

阿尔及利亚大开发

四位雄辩之士正在台上唇枪舌剑，他们一开始抢着一起发言，之后一个一个轮流发表意见。他们一个一个舌灿莲花，赞美着法兰西的光荣与伟大，讲述着若要收获必须耕耘，描绘着广袤殖民地的光明未来，断言着重新配置不断增长的人口将会带来的好处。而他们的豪言壮语最终都落脚到了这样一个结论："仅需要约 5 000 万法郎的投资，我们就可以在阿尔及利亚①兴修港口与公路，就可以将移民送往非洲，修建房屋、开垦土地。这样我们既能缓解法国的就业压力，又可促进非洲劳动力发展，同时促进马赛港②的经济繁荣。可以说是有百利而无一害。"

是的，此言非虚，如果你不考虑那些国家准备花掉的 5 000 万法郎的话。如果你只看到资金花出去，却看不到这些资金的来源；如果你只看到从税务官口袋里掏出钱带来的好处，却看不到缴税过程中的种种以及这些税款本可带来的其他好处，那么是的，用这样短浅的眼光来看，确实有百利而无一害。毕竟巴巴里③地区的房屋是看得见的；在巴巴里创造的就业机会是看得见的；法国的就业压力减小是看得见的；货如轮转的马赛港也是看得见的。

　　但是除此之外，有些东西是看不见的。政府投入的 5 000 万法郎都是来自纳税人，而这些钱本来可以用来做其他事情。我们既要看到公共支出带来的全部好处，也要考量这些支出给纳税人带来的伤害，他们将不得不因此减少个人支出。除非我们认为像詹姆斯这样的普通人，会对赚来的钱毫无消费计划，对于上缴税款也毫不在意。显然这并非事实，毕竟他可是千辛万苦才赚到了这些利润，他之所以愿意付出这些辛苦正是因为他希望之后可以通过消费满足自己。

　　他本可以用这笔钱翻修花园里的篱笆，现在不得不放弃，这是看不见的；他本可以为自己的田地施肥，现在也只能作罢，这也是看不见的；他本可以为自家的小楼再加盖一层，现在也唯有放弃，这同样是看不见的；他本可以为自己添置更多称手的工具，现在也不可能了，这还是看不见的；他本可以吃得更好、穿得更暖、为孩子提供更好的教育、为女儿准备更丰厚的嫁妆，甚至可以成为商会的成员，但现在都化为了泡影，这些都是看不见的。一方面，他被剥夺了自我享受的机会，那些潜在的快乐时光从手边溜走了；另一方面，花匠、木匠、铁匠、裁缝、乡村教师，这些原本会从詹姆斯的消费行为中受益的人，也失去了赚钱的机会。这一切都是看不见的。

人们对阿尔及利亚的繁荣未来寄予厚望。即便梦想最终成真，我们也不应该忽视这个过程中法国将要付出的代价。总有人试图向我强调马赛的商业会因此受益，可既然这一切都是通过征税行为促成的，那我也必须强调一下，这同样会给法国其他地区的商业公平带来深重伤害。他们还说："移民会涌入巴巴里地区，这会减轻法国本土的就业压力。"我的回答也很简单："运送移民前往阿尔及利亚，光是帮助他维持生活的成本就比在法国时高出两到三倍，怎么可能会减轻法国的压力？"

国防部长最近曾表示，运送一个移民前往阿尔及利亚需要花费国家 8 000 法郎。而在法国本土，4000 法郎已经足够这些可怜人幸福生活。我倒想问一问，像这样用养活两个人的成本送走一个人，又怎么可能会让法国人民受益?

我希望我的读者们能够清楚这一点，在每一笔公共支出的背后，除了显而易见的收益，更要看到那些难以分辨的恶果。我希望每一个人都能够养成良好的习惯，学会看到事物的两面，并且将这两个方面都纳入考量。

当一项公共支出提上议程，我们需要就事论事地检视这项支出本身，而不要去听信鼓吹这些支出将会促进就业的花言巧语。因为这些都是虚言，公共支出带来的任何此类效果，民众个人支出也一样可以实现。就业问题在这类讨论中是根本不相干的。

本文的目的并不是批判建设阿尔及利亚的公共项目本身，我只是有一项发现想要和大家分享：对于集体性的支出，税收总是更差的选择。原因何在? 首先，税收政策对于公正性总会有所折损。詹姆斯费尽辛劳赚钱，就是希望能够换回一些个人的享受，而稽税官突然插手，征走了这些利润并分配给了其他人，詹姆斯显然不会开心。当然，稽税官以及相关的管理者定然有充分的理由这样做。政府曾经给出过这样颇有建设性的解释："我们将用这些钱雇佣更多的工人。"但对于詹姆斯来说，他听到这种解释必定会回应："这很好，可是我完全可以自己来雇佣工人呀。"

　　除了这个理由之外，也有很多其他人直抒胸臆表达自己的看法，稽税官与詹姆斯之间的争论也因此愈辩愈明。如果政府说："从你这里征税是为了给警察付薪水，他们会保障你的个人安全、减少日常的烦恼；是为了修葺道路，这样你每天才能通行无阻；是为了设置法院，这样你的财产权和自由权才能得到尊重；是为了供养军队，这样才能确保我们的国家边境平安。"如果我没有搞错，詹姆斯先生会毫不犹豫地为这些公共服务买单。

　　但如果政府从你这里征税是为了给你将来好好耕田以奖赏；抑或是为你的儿子提供你根本不想要的教育；又或是为某个大臣的奢华晚宴加上道菜；也可能是为了在阿尔及利亚建房子，然后每年还需要花费更多钱把移民送到这些房子里，然后派遣军队来保护移民安全，还需要一名将军来统帅这些军队。我想詹姆斯先生一定会尖叫的："这哪是法律？根本是欺诈！"

　　政府显然是预见了这样的反对，要如何应对呢？政府选择把所有的事情混杂在一起，而仅仅将促进就业作为所有公共支出的理由，尽管其实两者根本没有任何关联。政府永远都在讨论就业，比如为大臣们供应餐食的大厨和经销商，比如那些移民、士兵或是将军。事实上，政府只是在阐述那些看得见的，如果詹姆斯先生并不懂得将看不见的也纳入考量，就会被很容易地愚弄。这也是为什么我要竭尽全力、一遍又一遍地向他传递这个信息。

公共支出只是在重新配置就业机会，而并不能够实现就业机会的增长。重新配置就业机会意味着对劳动者的重新配置，这也意味着对国家层面的人口流动进行干预。如果这 5 000 万法郎可以留在每一个法国纳税人的口袋里，既然纳税人遍布全国，那么对就业的促进也将分散在法国全境。这会让每个人都安然地留在自己的土地上，他们将自然而然地进行就业和商业的分配与流转。但是如果政府将这 5 000 万法郎从市民们的口袋中收走，并将这笔钱花在几个特定的地区上，那么这将意味着相应数量的劳动者们将涌入这些地方，而他们本来是应该在其他地方安居乐业的。这些流动人口背井离乡，等到国家投入的资金耗尽，很可能陷入困境。

我们最后回到阿尔及利亚项目可能的后果：国家将大笔金钱投入狭小地区的狂热举动，将会吸引到所有人的目光，这是看得见的。这一宏伟计划迎来了人们的掌声，其规划之壮美、成果之丰硕引发人们的啧啧称赞，期待着计划会不断持续并扩大。可他们看不见的则是，法国的其他地区却失去了相等数量的就业机会，而那里原本是可以产生更多价值的。

**注释：**

① 阿尔及利亚：全称阿尔及利亚民主人民共和国，是非洲北部马格里布的一个国家。法国在 1830 年占领了整个阿尔及利亚，并在 1834 年宣布阿尔及利亚为法国属地，此后大批欧洲人来到阿尔及利亚定居，到 1954 年大约有 100 万欧洲裔（主要是法裔）人口在阿尔及利亚生活。

② 马赛港：位于法国东南沿海利翁湾东北岸，濒临地中海的西北侧，包括福斯及布克等港区，是法国最大的商业港口，也是地中海最大的商业港口。

③ 巴巴里：西北非地区旧称。

CHARITY

Enterprise

第十一章

俭与奢

普罗大众会被那些看得见的遮蔽双眼而忽视那些看不见的，这当然不仅存在于公共支出领域。除了政治经济范畴的那些国家大事，人们在平时日常生活中也会因此产生思维上的误区，将道德情操和经济利益对立起来。这是何等的令人沮丧！

　　在每一个家庭中，父亲都会担起责任教导孩子遵纪守法、谨言慎行、节俭持家；在每一种宗教中，教义都会旗帜鲜明地反对铺张浪费、奢靡享乐。这本是自然之理，但时不时地，我们总会听到不同的声音。

　　"锱铢必较只会让经济陷入滞涨。"

　　"大人物懂享受，小人物才有营生。"

"纨绔子弟损己利国，功莫大焉。"

"穷人的盘中餐来自富人的盈余。"

在他们口中，道德上对勤俭的追求与整个社会的经济效益竟然相互对立起来。

我见过很多有识之士在发表了类似观点之后，依然泰然自若。这超越了我的理解范畴，因为在我看来这意味着人类将陷于令人沮丧的两难境地中，无论如何选择，总难逃恶果。勤俭节约，会让经济停步不前；铺张浪费，则会带来道德沦丧。

令人高兴的是，现实并非如此。这些话不糙理糙的格言片面地理解了经济与奢侈消费，只考虑到了那些看得见的眼前的后果，却忽视了那些看不见的更深远的影响。下面就让我们来重新修正这些差之毫厘谬之千里的观点吧。

孟德尔和艾瑞斯特是一对兄弟，他们一同通过继承家产，各自得到了 5 万法郎的收入。孟德尔正是人们口中那种舍己为人的纨绔子弟，以挥金如土为己任，他的家具常换常新，每个月都要购置新的马车。人们争相向他兜售各种奇巧玩物，只为更快掏空他的口袋。简单来讲，他的所作所为已然超越了巴尔扎克①和大仲马②笔下的浪荡公子。

如此这般，人人都为他唱起赞歌："谁来说说孟德尔？孟德尔万万岁！他是工人的好伙伴，他是穷人的真福音。没有人想否认，他的酒杯常满、通宵狂欢，他的马车横行、溅湿路人，他毫无尊严、道德沦丧。但是谁又在乎？他的挥霍损己利人，他的财富飞快流转，每个商人都在他这里满意而归。自古造币圆又圆，钱财本应如轮转！"

他的兄弟艾瑞斯特则选择了非常不同的生活方式。也许他还算不上绝对的自我中心，但是至少也是崇尚个人主义。他对于自己的花销总是小心谨慎，只会追求适度而有限的娱乐方式，总是为自己孩子的未来精打细算。事实上，他就是个节俭持家的人。

人们又是怎么说他的呢？"像他这样的有钱人，能有什么作用？他就是个吝啬鬼。他极简的生活方式或许是有过人之处。他仁慈博爱、宽宏大量，但同时太过计较、一毛不拔。他的居所既不金碧辉煌，也奢谈宾客盈门。对于室内装饰的工人、马车工匠、马贩子、糖果商他又做了什么贡献？"

这些看法对于我们的道德观危害极大，而产生这种看法的原因就在于只是看到了眼前的铺张浪费者的消费，却忽视了那些影响更为深远的节俭持家者的消费。

万能的造物者把一切都管理得井井有条，当然也包括社会的秩序。政治经济与道德情操并没有什么冲突，甚至可以说是相辅相成。艾瑞斯特的选择不仅比他的兄弟更令人尊重，同样更会产生更大的经济利益。长远来看，获得更多利益的不仅是艾瑞斯特本人，也不仅是社会整体，而更是那些工人们。

要证明这一点，我们需要打开理智之眼，去看透人类行为背后带来的隐藏后果，这些仅凭肉眼观察是看不到的。

没错，孟德尔的挥霍行为能够带来肉眼可见的效果。每个人都会看到他名下的那些花样繁多的各色马车、天花板上的精美壁画、贵气十足的地毯以及富丽堂皇的住宅。每个人都知道他喜欢在草地上纵马驰骋，林荫大道上的过路客都会被他在巴黎大酒店的飨宴所吸引。所有人都说："这个人真慷慨。他一点也没有在省钱，很可能会倾其所有。"这都是看得见的。

而要看见艾瑞斯特的收入如何让工人受益，就没有那么简单了。不过，如果我们能够仔细地寻根溯源，我们就能看到事情的全貌，艾瑞斯特花的每一分钱同样付给了劳动者们，和他兄弟孟德尔并无不同。两个人的消费唯一的不同仅在于：孟德尔的骄奢淫逸必然难以为继，最终注定惨淡收场；而艾瑞斯特的细水长流则不仅会不断持续，每年还将稳定增长。如果最终事实如此，我们就可以很确信地说，公众对经济利益的追求和对道德品质的追求之间必是统一的。

　　艾瑞斯特一家每年的个人花销是 2 万法郎，对于一个明智的人来说这已经绰绰有余了。贫困阶层的苦难生活让他心痛不已，他的良心让他决定向这些人伸出援手，每一年都将慷慨捐出 1 万法郎。在商人、工匠以及农民中间都有他的朋友，他们有时候也会因为暂时的难关陷入困顿。艾瑞斯特会第一时间了解这些朋友的境况，并且审慎而高效地对他们施以帮助。他每年在这个方面也会花费 1 万法郎。他当然也不会忘记，还需要为女儿的嫁妆和儿子的前途做好准备，每一年他都会尽心尽力省下 1 万法郎作为储蓄。

　　以下是他的收入支出：

1. 个人花销：20 000 法郎

2. 慈善事业：10 000 法郎

3. 支持朋友：10 000 法郎

4. 年度储蓄：10 000 法郎

让我们一项一项检视这些花费，我们就会发现没有一分钱最终会逃出劳动者的口袋。

　　1. 个人花销：这些支出对于工人和商人而言，与孟德尔的支出性质别无二致，这是不言自明的，因此我们也就不再赘言。

2. 慈善事业：为了这个目的支出的1万法郎同样可以让商业受益。这些钱最终还是会给到肉店老板、面包师、裁缝以及木匠手中。唯一的不同只是艾瑞斯特并不会消费这些面包、肉以及衣服，而是由那些他想帮助的人代替消费。像这样由一个消费者代替另一个当然不可能会影响商业。不管艾瑞斯特是自己消费，还是希望一些遭遇不幸的人来代替他消费，结果都是一样的。

3. 支持朋友：艾瑞斯特的朋友在借到或是收到这1万法郎之后，并不会把钱埋到地底下，这样就与我们的假设相违背了。他会把这些钱用来购买商品或是偿还债务。在前者的情形下，商业得到了促进。总不会有人觉得孟德尔在纯种赛马上花费的1万法郎比艾瑞斯特或他的朋友花费1万法郎购买各种商品经济效益更高吧？在后一种情况下，这一万法郎用来偿还债务，我们的故事中出现了第三个人：债主。他获得了这1万法郎之后也必然要把这些钱用在他的生意、家庭或是农场上。他就会成为艾瑞斯特和劳动者之间的媒介。花钱的人不断变化，但是金钱支出本身不变，因此对商业的促进效果都是一致的。

4. 年度储蓄：目前还有1万法郎存了起来。如果说孟德尔对比艾瑞斯特在对艺术家、劳动者以及工人的经济支持上有什么优势，可能就是在这个方面了。尽管从道德角度来看，艾瑞斯特的这种做法要优于孟德尔。

我个人很难接受这种自然规律之间存在的矛盾，这会让我有一种生理上的不适。难道人类就一定要在这种两难境地中做出选择吗？要么损害利益，要么违背良心，我们的未来真是一片灰暗。

很高兴这依然并非现实。理解了艾瑞斯特的行为在经济和道德领域共通的优越性后，我们就能洞悉这一令人心情愉悦的金句，看似矛盾可千真万确：存钱，就是花钱。

艾瑞斯特为什么每年都要存 1 万法郎？是为了把这些钱埋到花园里吗？当然不是。他的目标是让自己的资本和收入持续增长。因此这笔钱他不会用在个人的享受性消费上，而是用来购置土地、房产，或是交给商人或银行家打理。跟踪观察金钱在这几个领域的流转过程，你就会相信经过了商人和银行家的中转，这些钱还是会流入劳动者的手中，最终的结果和孟德尔的做法并无不同。只不过孟德尔的钱变成了家具、珠宝和马。

当艾瑞斯特把 1 万法郎用来购置土地或者放贷时，他下定了决心不准备花这笔钱，这也是为何他的做法引发了抱怨。但是与此同时，那个出售土地或是选择借贷的人则一定是希望把这 1 万法郎以某种方式花出去。因此无论如何，这 1 万法郎最终还是会花出去，不管是通过艾瑞斯特还是其他什么人。

而对于劳动者而言，艾瑞斯特和孟德尔的做法只有一点不一样。孟德尔的花费都由他自己完成，因此效果肉眼可见。艾瑞斯特的花费则有一部分是通过中间方完成的，因此效果并不能够直观地看见。不过事实上，对于那些懂得正确理解事物之间因果关系的人来说，那些看得见的和看不见的并无不同。证据就是这两个人的钱最终都一样实现了流转，并没有躺在守财奴的钱箱里发霉。因此我们并不能说节俭会伤害经济。正如我们之前所言，节俭和奢侈一样可以让经济受益。

不过如果我们把眼光再放长远一些，而不仅仅限于当下这一时一刻，我们就会发现节俭的生活方式甚至更为优越。

十年之后，孟德尔的财富和人气会如何？他会陷入穷困。他不再是那个可以每年花费 5 万法郎的名利场公子哥，他很可能已经在当地备受嫌弃。他不再是店家的宠儿，不再是艺术和商业的赞助人，他和他的继承人再也雇佣不起任何工人，因为他的铺张浪费让全家都陷入贫困。

十年之后，艾瑞斯特的财富和人气又如何呢？他不仅不断地将收入进行流转，更是每一年都在让支出保持增长。他不断扩大国民资本规模，能够支持更多的工资支出，雇佣更多的人手。他帮助劳动阶层不断提高收入。而如果他死去，他养育的子女将会继承他的事业，推动社会进步与文明发展。

从道德的视角来看，节俭持家对比铺张浪费的优越性是不容置疑的。令人宽慰的是这个答案在政治经济领域也是一样的。而要察觉这一点需要我们不仅看到现象一时的结果，更要以远见洞悉未来，看到潜在的影响。

**注释:**

① 奥诺雷·德·巴尔扎克（Honoré de Balzac, 1799—1850）：19 世纪法国批判现实主义作家，欧洲批判现实主义文学的奠基人，被称为"现代法国小说之父"。

② 亚历山大·仲马（Alexandre Dumas, 1802—1870）：人称大仲马，法国 19 世纪浪漫主义作家，被誉为"通俗小说之王"。

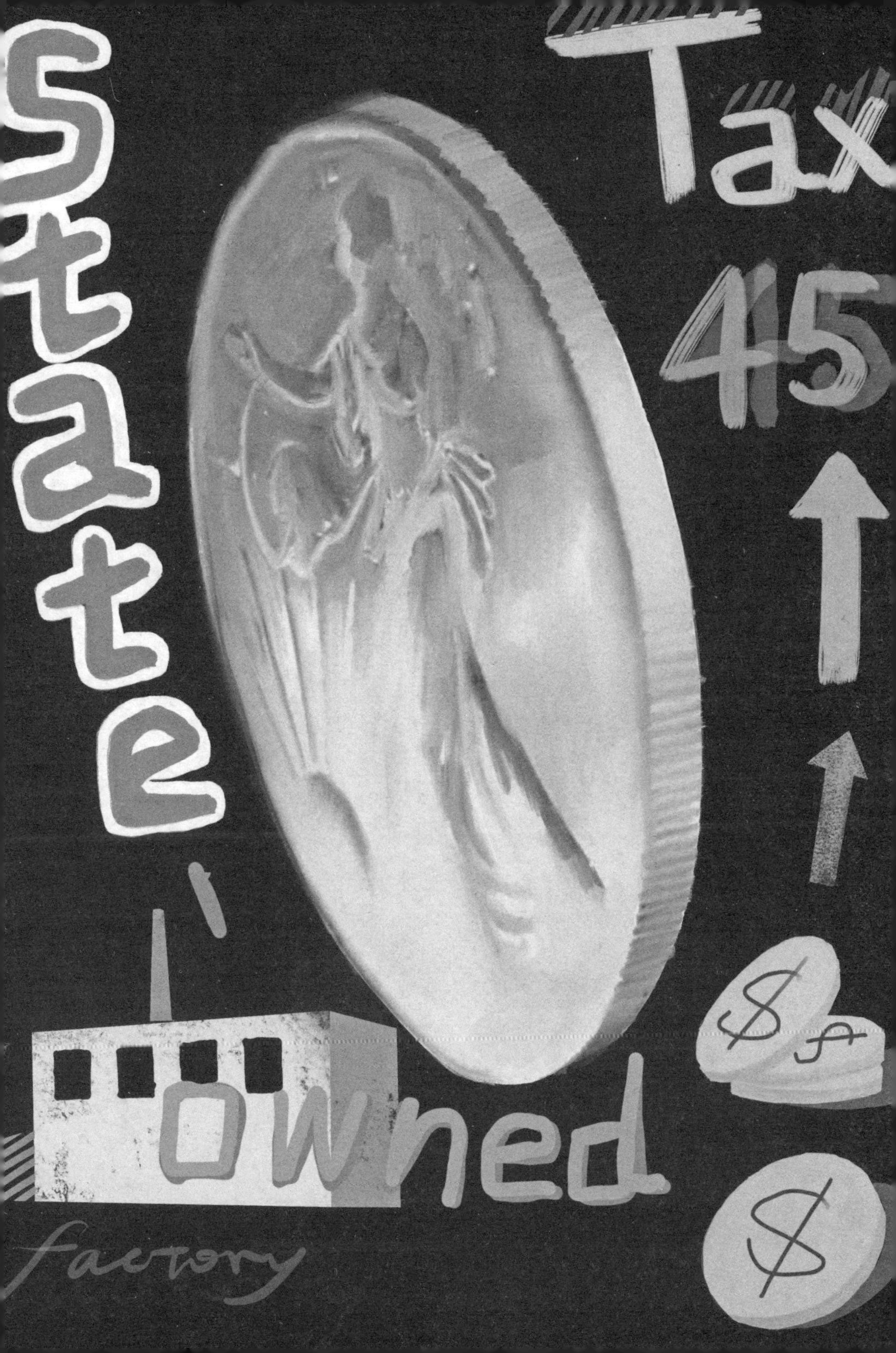
State
owned
factory
Tax
45

第十二章

『强扭』的工作会甜吗？

"兄弟们，捐点儿钱为我要求一份工作吧。"这是争取劳动权运动。

　　"兄弟们，捐点儿钱帮我要求一份符合我薪资要求的工作吧。"这则是争取获利权运动。

　　这两种运动开展得如火如荼，说到底是因为人们只关注看得见的效果。如果我们检视那些看不见的后果，他们也就难以为继。

　　整合社会资源确实能够促进就业并带来商业利润增长，这是看得见的。但这些社会资源如果留在纳税人的口袋里，仍然能够取得相同的效果，这则是看不见的。

1848 年，争取劳动权运动的进程让这样的两面性大白于天下，也就此摧毁了公共舆论对其的推崇。

其中一面名叫"国家工场"①，而另一面则是"45 生丁税"②。每一天，都有数以百万法郎的资金由巴黎繁华的里沃利大街涌入一座座国家工场，这是硬币光明的那一面。

然而硬币总是有另一面。这些资金并不是凭空变出来的，流出之前必有流入。这也是为什么国家工场政策的实施必然伴随着加税政策。

现在，农民们开始抱怨："我必须要付 45 生丁的税，这样我就不得不节衣缩食，也没钱买肥料，连屋子都修不起了。"

然后全国的工人也开始了抱怨："市民们不得不节衣缩食，这就让裁缝没了生意；他们也再不能改良农田，这就让负责灌溉的劳力没了工作；他们没钱修房子，木匠和石匠的营生也大受影响。"

这证明了世上没有两全其美的好事，由政府推动而产生的就业机会最终还是要通过劳动者的付出和纳税人的出资方能得以实现。这也宣告了争取劳动权运动的失败，这种计划既不现实也不公平。然而，争取获利权的运动依然在如火如荼地展开，虽然其本质上不过是前者的升级版。

贸易保护主义者不应该为他给社会带来的负担而脸红吗？

他是这么表态的："你们必须要给我工作，不仅如此，还得是保证赚大钱的工作。我一直从事的行业不景气，还出现了10％的亏损，如果你们能对我的同胞们征上20法郎的税，然后全都转移给我，那我就能扭亏为盈。我有权获得利润，你们欠我的！"现在，任何一个社会如果选择听信这种诡辩，施以外力抹平商业行为造成的亏损，那么也就理应承受相应而来的经济重担。

我之前提及的各色案例都是鲜活的教程，希望我们都能从中学习。对政治经济学的懵懂无知会让我们沉湎于一个现象最显而易见的效果。而要真正理解事物的全貌，需要我们能够以理性之眼，看到并预见到那些更为全局、更为深远的后果。

我可以找到很多其他的案例来说明这个道理，不过我并不想陷入千篇一律的饶舌，所以我将用夏多布里昂③关于历史的论断作为结尾，他的这番良言在政治经济学领域同样适用。

历史有两种后果。一种是眼前的直接后果，很容易就能够识别；另一种则在更为深远的未来，并不能简单察觉。这些后果往往是相互矛盾的。前者以我们有限的智识就能够理解，而后者则需要永世长存的智慧方能洞悉。人类的诸般行事背后都有神迹显现。上帝永远站在人类的背后。你尽可以否认这些至高的指引，尽可以对他的行动视而不见，对他的言语置若罔闻，将民众口中的神迹妄称为环境影响和理性判断；看看那些已然发生的结局吧，你会发现那些没有建立在道德与公正基础上的做法，最终都只会是事与愿违。

——夏多布里昂《墓畔回忆录》

**注释：**

① 国家工场：法国一八四八年革命期间临时政府开办的劳动工场。 1848 年 3 月初在巴黎、里昂、鲁昂等地成立，到 6 月中，接纳失业工人达十二万人次。 6 月 21 日，被代替临时政府行使行政权的执行委员会宣布解散。因执行委员会规定拒绝服从者将被施以武力，从而导致巴黎工人六月起义。

② 45 生丁税：法国一八四八年革命期间临时政府设立的新税种。 1848 年 3 月 16 日临时政府下令将 4 种直接税（土地税、动产税、营业税、门窗税）提高 45%，即每法郎提高 45 生丁，俗称 "45 生丁税"。

③ 弗朗索瓦·勒内·德·夏多布里昂（François-René de Chateaubriand, 1768—1848）：法国 18 至 19 世纪的作家，政治家，外交家，法兰西学院院士。著有小说《阿达拉》《勒内》《基督教真谛》，长篇自传《墓畔回忆录》等，是法国早期浪漫主义的代表作家。

# 译后记

一

　　《看得见的与看不见的》是巴斯夏生前最后一部也是最著名的一部作品，它代表并引领了其所有作品的中心思想和主要观点。在人生的最后阶段，巴斯夏希冀能够将其一生的所思所感进行系统化的创作沉淀。本书完成于 1850 年，篇幅并不长，由 1 篇序言与 12 个各自独立的故事组成，全文一气呵成，思想一以贯之。与我们熟识的一般意义上的经济学著作不同，作者并没有在理论和公式上花费更多笔墨，而是凭借着极富幽默感的笔触，将日常生活中可能遇到的种种经济学迷思转化为孩童都能够理解的小故事，让宝贵的经济学智识得以广泛传播。比如其中最为知名的"破窗'谬'论"一篇，正是以生动的故事阐释了"机会成本"理论对现实生活的影响。同属于奥地利学派的弗里德里希·冯·维塞尔直到 1914 年才正式提出"机会成本"这个概念，而那已经是巴斯夏去世后 60 多年的事了。然在此之前，国内尚无此书的单行本发行，实为憾事。

这位致力于预见未来的学者——弗雷德里克·巴斯夏（1801 年 6 月 30 日—1850 年 12 月 24 日），是法国 19 世纪古典自由主义理论家、经济学家、政治家。他生于法国阿基坦的巴约讷，九岁时父母双亡，由祖父母抚养长大，之后继承了家族贸易生意。他亲身经历了拿破仑战争时期的一系列经济政策，痛感贸易管制及政府干预给整个社会带来的弊病。

巴斯夏早年活跃于商界、政界，并于人生的最后 6 年进入了短暂而多产的创作阶段，写出多部捍卫自由主义的著作，其中包括《看得见的与看不见的》《法律》《经济和谐论》《经济诡辩论》等。巴斯夏非常善于利用比喻和反讽来进行创作，他幽默犀利、严谨精炼，行文总是那么引人入胜，堪称自由经济思潮之于普罗大众的完美布道者。但不幸的是，如今看来振聋发聩的观点在当时并没有引发人们的广泛关注。

英国诺贝尔经济学奖得主弗里德利希·冯·哈耶克称巴斯夏用"看得见的与看不见的"这个简短的表述精辟地揭示了理性经济决策的症要所在并以强力论据捍卫了自由经济，这一"天才"做法至今无人能及。美国知名经济学家亨利·黑兹利特也是巴斯夏的拥趸者之一，其经典之作《一课经济学》被誉为是巴斯夏《看得见的与看不见的》分析方法的现代版，是它的延伸和拓展。

值得注意的是，哈耶克与黑兹利特均与美国自由主义智库——经济教育基金会（Foundation for Economic Education，FEE）关系甚笃，该基金会较为系统地将巴斯夏的多部作品翻译成英文，促使其思想能在英语世界里更为广泛地传播，这与170多年前巴斯夏在思想激荡的时代如同孤军奋战一般的情景甚为不同。

本书创作之际，法国正处于第二共和国时期，正是革命之后的社会动荡期，原有的封建制度分崩离析，各个政治派别可谓是你方唱罢我登场，书中很多生动的案例也都来自当时社会真实发生的历史事件。笔者在翻译过程中对书中历史事件和文学典故进行了一定的考证与还原，并尽可能地对书中所涉及的历史细节进行注释补充，考虑到本书法文原版中有诸多旧时用法，本书在行文上也更多参考当下的用语表达习惯，希望能为各位读者领略原著魅力提供助益。

"读一本好书，就是和一位品德高尚的人谈话。"翻译一本好书，就是要走进作者所处的时代，感知他的所见所闻，洞悉他的所思所想。套用本书中的经典句式：巴斯夏的很多理论由于政治经济大背景的不同确实有一定局限性，这是看得见的；但是他在书中大声疾呼、竭力驳斥的经济学谬误，其实只不过是换上了新装，依然在人类社会中继续上演，则是看不见的。

本书的翻译工作完成于全球遭遇新冠疫情冲击的特殊时期，逆全球化、民粹主义、民族主义的趋势抬头，巴斯夏笔下的"贸易保护先生"仿佛重新粉墨登台，在世界舞台中央挥舞起手中的大棒，扬言要改变自己作为"受害者"的可怜处境。而对于看完了本书的读者，若能学会巴斯夏思考问题的方式，将看得见的与看不见的因素一同纳入考量，想必不会再被这些巧言所蒙蔽。如果进一步考虑到本书业已问世170年，我们必会惊叹于巴斯夏那能跨越世代的远见卓识。

最后，谨在此处感谢彭毅文老师，这是我与她的第一次合作，作为一名职场人，工作之余接此重任难免担忧自己力不能胜，且翻译途中亦多有心慵意懒之时，困顿之际幸得其再三鼓励、指点迷津，最终才走完这美妙的创作过程，若最后能将巴斯夏的真知灼见更好地传递给了诸君一二，那便是本人莫大的荣耀了。

于海燕

2020 年初春　上海

胭+砚
project

## 胭砚计划（按出版时间顺序）：